CE QUE DIT CHARLIE

PASCAL ORY

CE QUE DIT CHARLIE

Treize leçons d'histoire

le débat
Gallimard

À Pierre Nora

«L'on n'avait pas à m'interroger sur cette question. Elle n'était pas inscrite à mon programme. J'en étais dispensé : une autre histoire, la Grande, l'Histoire avec sa grande hache, avait déjà répondu à ma place.»

GEORGES PEREC,
W ou Le souvenir d'enfance

L'histoire, tout de suite

Janvier 15[1] a déjà nourri un abondant commentaire, depuis l'internaute anonyme jusqu'au Prix Nobel de littérature. Il a mobilisé de multiples expertises, de l'écrivain indien au philosophe slovène, du démographe au psychanalyste. Prévisible, cette glose s'est nourrie un peu des gloses précédentes mais beaucoup d'une actualité dramatique (au sens originel: construite comme un drame), incessamment renouvelée tout au long de l'année qui a suivi, à l'issue de laquelle paraît ce livre, loin d'être le dernier sur le sujet[2].

Quel sujet, au fait? Dès janvier l'auteur de ces lignes a été sollicité de dire son mot, à l'instar de beaucoup. Il a, épisodiquement, répondu à la commande sociale[3]. Mais, il doit l'avouer, il s'est senti aussi, au cœur même du deuil, impliqué bien au-delà de toute expertise. Il se trouve, d'abord, qu'il s'est aventuré, assez tôt dans son parcours d'historien, sur le terrain de la culture visuelle[4], ce qui l'a

1. On reviendra, dans le premier chapitre de ce livre, sur le problème que pose en soi la qualification de l'événement.

2. Ce texte a été remis à son éditeur le 1er septembre 2015.

3. *La caricature: Et si c'était sérieux?*, Paris, Nouveau Monde. Cet ouvrage collectif, réunissant sept historiens, est sorti le 19 février 2015.

4. *Le petit nazi illustré*, préface de Léon Poliakov, Paris, 1979, 2e édition, Nautilus, 2002.

conduit en particulier — plutôt seul, longtemps, dans l'université française — à engager ou diriger un certain nombre de travaux sur l'histoire de la bande dessinée et/ou le dessin de presse[1]; il a même, à partir des années 1990, franchi le pas et exercé, sans discontinuer depuis lors, la fonction de critique de BD; à ces deux titres il avait introduit en 2001 un livre de l'un des assassinés du 7 janvier, Jean Cabut, dit Cabu[2], avec lequel il avait gardé un lien amical, si forte était la sympathie qui émanait de ce jeune homme sans âge. À une époque qui, plus que jamais, dramatise et individualise le social, cette considération toute personnelle suffirait, sinon à justifier, du moins à expliquer sa démarche.

Mais il est des motifs moins individuels. Ce drame d'apparence française, voire, on le verra, très française, a eu d'emblée une audience — et bientôt une duplication — internationale, attestant par là qu'il nous disait beaucoup sur plusieurs questions fondamentales touchant à la situation présente — donc historique —, non d'une société nationale en particulier, mais de toutes nos sociétés. Sociétés occidentales mais aussi extra-occidentales et, pour finir, société mondiale, à l'heure du *global*. Le premier historien qui ait résolu de *prendre dates*, Patrick Boucheron[3], citera une phrase d'un texte peu connu de Michelet, l'*Introduction à l'histoire universelle*: «Ce ne serait pas trop de l'histoire du monde pour expliquer la France.» Intuition qu'on n'hésitera pas à qualifier de magistrale, même si ceux qui lurent cette phrase au lendemain de la révolution de 1830 n'en

1. Dernier en date: *L'art de la bande dessinée*, Paris, Éditions Citadelles et Mazenod, 2012, ouvrage codirigé avec Laurent Martin et Sylvain Venayre.

2. *Ma Ve République*, Paris, Hoëbeke.

3. En dialogue avec un écrivain, Mathieu Riboulet (*Prendre dates*, Lagrasse, Éditions Verdier, avril 2015). Dès mars Emmanuel Laurentin avait réuni en volume plusieurs contributions mises en perspective (*Histoire d'une République fragile (1905-2015). Comment en sommes-nous arrivés là?*, Fayard).

virent sans doute, et pour la plupart avec plaisir, que la face d'« arrogance française » sans le côté pile, à savoir que la France, comme le Danemark, la Tunisie ou Israël, est semblable à l'homme de Sartre, à la fin des *Mots* : tout un pays, fait de tous les pays et qui les vaut tous et que vaut n'importe quel autre.

Janvier 15 est donc un moment historique du XXIe siècle en ce qu'il ne peut pas se limiter à sa signification locale. La violence et l'ampleur des actes que ces quelques jours ont cristallisés pouvaient dès lors apparaître comme la métonymie d'une crise plus générale. Et c'est bien ainsi que la société de ce janvier-là a perçu ces journées, quoi qu'il advienne, exceptionnelles. Articles et éditoriaux, numéros spéciaux de revues et de magazines, émissions de radio et de télévision, opuscules et gros opus témoignent depuis lors de l'ampleur de la commotion, mais les témoignages les plus forts viennent sans doute de cette grande bouche d'ombre qui aujourd'hui, dans une société, parle le langage des forums, des réseaux sociaux et des dîners en ville.

Les historiens et, plus largement, les sciences sociales s'interrogent de plus en plus — cette interrogation mériterait à elle seule une analyse — sur leur « rôle social ». Que la formule remonte à plus d'un siècle, sous la plume d'un militaire de culture catholique et monarchiste, en dit sans doute long sur les présupposés de ce questionnement[1]. Le postulat critique de l'auteur le porterait à répondre que l'histoire ne sert à rien, et que c'est fort heureux. Mais son corps témoigne un peu autrement : engagé depuis plusieurs années dans l'écriture d'un livre consacré à l'une des questions récurrentes de son époque[2], il a fait, un jour

1. Hubert Lyautey, *Le rôle social de l'officier*, 1891.

2. *Qu'est-ce qu'une nation ?* Significativement, un autre historien français a publié au printemps 2015 un court texte portant ce titre, question sortie du

de la fin janvier dernier, le choix — le sacrifice — de mettre pendant quelques mois cette écriture de côté pour rédiger le livre que vous êtes en train de lire, cette sorte de texte auquel on peut donner le nom, emprunté au vocabulaire sociologique, de «livre d'intervention». Entendons par là une parole dont la commande, prétendument sociale là aussi mais au fond strictement individuelle, naît de ce surgissement qu'on appelle un événement. Après tout — c'est-à-dire avant tout — l'auteur est simplement — c'est-à-dire est déjà — un *auctor*, dont le premier et peut-être le seul «rôle» est d'augmenter, si peu que ce soit, le monde.

L'augmentation historienne n'est certes pas celle du passé. Le passé n'existe pas; il n'est jamais qu'un rapport modifié de l'homme à son présent. L'objet de l'histoire est le temps. L'historien n'est pas le discoureur qui arrive toujours après la bataille — qui fait toujours de l'«histoire bataille», mais pas celle qu'on croit — et s'en trouve, ma foi, fort bien; il est cet artisan auquel la société reconnaît une compétence sur le temps comme elle reconnaît à l'ébéniste une compétence sur le bois. Après quoi il y a de plus ou moins bons ébénistes et il y a, surtout, beaucoup de fabrication en série de meubles bon marché, au reste parfois de bonne qualité. Après quoi il y a une société qui, par ailleurs, a sa petite idée sur le temps, tiraillée qu'elle est entre le «rien de nouveau sous le soleil» de l'*Ecclésiaste*, premier grand manifeste mélancolique, et le «on ne se baigne jamais dans le même fleuve» du philosophe grec, postulat de base du relativisme. Et que l'historien se débrouille avec ça.

L'exercice est d'autant plus risqué que le supposé savant

---

placard des questions inconvenantes ou obsolètes (Gérard Noiriel, *Qu'est-ce qu'une nation?* Paris, Bayard).

doit nécessairement utiliser deux outils d'un maniement assez dangereux. Le premier est l'analogie. « Comparaison n'est pas raison », dit un proverbe qui n'est, au fond, qu'un jeu de mots et un argument très discutable. D'Hérodote à Sanjay Subrahmanyam, tout historien compare, sans quoi il s'interdirait de penser et, en effet, de « raisonner »[1]. Ici on comparera donc, dans l'espace et dans le temps. On évoquera l'Antiquité romaine aussi bien que les Trente Glorieuses, Clausewitz et Dieudonné ; il faudra s'y faire. Le second outil contondant et d'un usage délicat est la généralité. « Qui trop embrasse mal étreint », dit un autre proverbe, qui confond sans doute l'amour du savoir avec le coït, ce qui est bien une comparaison d'intellectuel. Si l'histoire est une science de la société et pas simplement un genre littéraire de consommation rapide, à l'instar de la critique gastronomique, elle suppose une généralisation. Bref, disons-le : la pensée n'est pas contradictoire avec l'urgence. On peut « prendre de la hauteur » sans nécessairement « prendre son temps » : cette confusion de l'espace avec le temps est une des maladies professionnelles de l'intellectuel.

Dans les pages qui suivent, l'augmentation historienne prendra la forme d'une série de questionnements, reformulés à la sauvage dans les rues de la France, du Danemark, de la Tunisie ou d'ailleurs au long d'une certaine année du XXIe siècle. Ces questions peuvent se résumer en autant de phrases simples, telles que : « D'où vient que la censure serait un problème, et pas la liberté d'expression ? », ou : « Pourquoi la laïcité serait-elle donc une spécialité française ? », ou encore : « L'antisémitisme a-t-il une origine autre

1. « Penser, c'est comparer », dit Walter Rathenau. Il est vrai qu'il a mal fini, assassiné par l'extrême droite.

que religieuse ? », traitées sous la forme d'autant de leçons. Mot redoutable, là aussi. La leçon, du plus loin que vienne le terme, est une cueillette (le *légô* du grec, « je cueille »), donc un choix, qui chez l'Homo sapiens s'exprime par des mots choisis (*légô* signifie aussi « je dis »). La *lectio* ancienne était lecture recueillie d'un texte inspiré, mots posés sur des mots préétablis. La leçon moderne pose des mots sur des phénomènes ; elle est supposément débarrassée des mots préétablis dont sont faits tous les Livres de toutes les religions modernes, qu'elles soient religieuses ou civiles. La leçon d'histoire serait donc une leçon par l'histoire et pour l'histoire. On en a compté ici treize au total. D'autres en trouveraient huit, ou trente-six, ou pourraient faire de chaque leçon un livre. D'autres écriront d'autres livres. Celui-ci est le mien.

1
« Sidération »

Dans les heures, les jours qui suivirent le premier attentat, aggravé par le second, circula un terme assez peu fréquent dans le vocabulaire des médias et encore moins des intellectuels, et qui entendait qualifier la réaction initiale, sinon de « la société française » et a fortiori de « la société occidentale », du moins d'une partie importante desdites sociétés, la partie qui à défaut de faire l'opinion en détermine le cadre de pensée : « sidération ». Alors que la fascination — on ose le dire depuis quelque temps, et la psychanalyse s'est emparée avec gourmandise de cette étymologie — a à voir avec le sexe masculin (*fascinus*, version latine du *phallos*), laissant entendre qu'être fasciné c'est être sous le charme, dans un grand mouvement d'abandon du moi, la sidération, sous des apparences analogues, c'est tout le contraire. Le *sidus*, chez les mêmes Romains, est un astre. La sidération est un assujetissement aux astres, une influence écrasante, plutôt du côté obscur de la force, dont il n'est pas aisé de s'émanciper.

1

Divers essayistes et quelques historiens ont entendu résumer le XXe siècle — quelles que soient les limites qu'on arrive à lui donner, entre le court XXe siècle de 14-89 ou le plus long, qui nous conduit jusqu'au 11-septembre — comme « le siècle des guerres ». Qualification discutable, on y reviendra. En regard, une lecture écologique de la situation planétaire pourrait laisser penser que le XXIe brillera plutôt par ses catastrophes. Entendons par là des paroxysmes naturels (modèle tsunami de Sumatra), ou vécus comme tels, auxquels l'activité humaine prête la main, soit en les amplifiant (modèle Fukushima), soit en les créant de toutes pièces (modèle Tchernobyl). Dans de telles conditions, la sidération, au sens strict, pourrait être la condition humaine d'un XXIe siècle désigné comme « siècle des catastrophes ». Le rapport avec Janvier 2015 ? Un attentat terroriste n'est pas une catastrophe naturelle, c'en est même, sous un premier angle, l'exact inverse, puisqu'on pourrait le définir comme une saturation de volontarisme. Mais son haut degré de violence, exercée dans un cadre a priori étranger à ce mode de règlement des conflits, permet de mieux comprendre le diagnostic de sidération — qui est moins le constat d'un fait que d'une interprétation, qu'on fasse ou pas intervenir les théories psychologiques réduisant les sociétés humaines à des lieux de « gestion de la terreur » (*terror management theory*). Le modèle catastrophique correspond assez bien à l'état culturel des sociétés agressées, caractérisable par un haut degré de désarroi collectif : la violence initiale (tremblement de terre) générant une onde de choc immédiate (tsunami) qui, à son tour, produit un ébranlement plus profond, dont la société ne peut sortir sur le court terme (Fukushima).

L'onde de choc peut être analysée comme une série de cercles concentriques, dont on retrouvera la trace tout au long de ce livre. Pour comprendre comment tout s'enclenche, contentons-nous à ce stade du cercle le plus étroit, le premier visé et le premier touché, celui des collaborateurs de l'hebdomadaire cible et de ses lecteurs réguliers[1]. C'est là que l'effet de sidération a été le plus fort, non seulement parce que c'est là que le « premier sang » a coulé, mais parce qu'en termes idéologiques la culture politique atteinte est celle qui, vue de l'extérieur, était la moins préparée à être la victime de cette violence : une culture d'extrême gauche, juxtaposant une gauche de la gauche et une gauche libertaire, aux combats parfois communs mais aux sources intellectuelles différentes, voire opposées si on veut bien considérer la part d'individualisme consubstantielle à la démarche anarchiste, fort éloignée des références collectivistes de l'autre famille. Si l'anticolonialisme et l'anticapitalisme avaient, depuis environ un siècle, des milieux d'accueil, c'était bien là. Toute une polémique radicale y avait, de génération en génération, affûté ses armes en direction d'une droite et une extrême droite identifiées d'abord aux vieux combats de la monarchie et du catholicisme intransigeant, élargis au XXe siècle en des directions plus variées, voire contradictoires, celles du libéralisme économique, du fascisme et du colonialisme. Rien ne la prédestinait à subir la plus violente des agressions de la part de représentants autoqualifiés des damnés de la terre, lui renvoyant au visage l'« islamophobie », concept forgé à dessein comme un symétrique d'« antisémitisme ».

1. Lecteurs situables en nombre quelque part entre les « 7 000 » abonnés de la fin 2014 et les « 55 000 » exemplaires vendus du nouveau *Charlie Hebdo* déclarés lors d'une conférence de presse d'avril 1995, après sa relance. Sans doute plus près du premier chiffre que du second.

À l'échelle de *Charlie Hebdo*, la déstabilisation avait, sur le fond, commencé neuf ans plus tôt. En 2002 encore, la direction de l'hebdomadaire sanctionnait un de ses chroniqueurs, le philosophe Robert Misrahi, jugé trop favorable aux pamphlets anti-islamiques d'Oriana Fallaci. En 2005, l'affaire dite des « caricatures de Mahomet » était née dans une presse danoise marquée à droite (*Jyllands-Posten*), mais une solidarité professionnelle de dessinateurs à dessinateurs, plus encore qu'une alliance idéologique apparemment impossible entre antimusulmans et antireligieux, avait conduit l'hebdomadaire à systématiser son soutien en publiant, le 8 février 2006, un numéro spécial « Mahomet débordé par les intégristes ». À partir de là les repères ont commencé à basculer, *Charlie Hebdo* se retrouvant obligé de répondre aux accusations de certains intellectuels d'extrême gauche, aux assignations devant tribunal de plusieurs associations musulmanes et, à partir de diverses menaces de mort et d'un premier attentat, en 2011, contre les locaux du journal, de recevoir une protection non de milices populaires d'autodéfense mais d'agents de la force publique.

Plus au fond encore, c'est toute une dimension intellectuelle — et non plus idéologique — qui allait donner sa couleur spécifique au 7 janvier comme trauma : la théâtralisation d'une proximité formelle entre radicalismes. Tout est dit quand on découvre que la SARL créée en 1992 par, entre autres, Cabu et Bernard Maris pour relancer le titre *Charlie Hebdo*, disparu des kiosques depuis dix ans, choisit le nom de Kalachnikov. La fin de l'ambiguïté se situera dans l'espace qui sépare un crayon d'une arme létale : la bande à *Charlie* n'était définitivement pas la bande à Baader. On reviendra plus loin sur cette dimension, évidemment capitale en termes d'histoire intellectuelle.

Les cercles suivants de l'onde de choc s'apparentent à un

enchaînement de milieux mis en branle par la nécessité d'un état de fait. Le métier de dessinateur de presse se retrouve confronté à un mode d'agression qui fait exploser les limites de son combat historique contre la censure : rappelons que c'est de ce milieu qu'est sortie dans les années 1870 l'allégorie traditionnelle, en France, de ladite censure, la myope et méchante « Madame Anastasie », œuvre du dessinateur André Gill. Le cercle des médias va, quant à lui, jouer, en l'espace de moins d'une semaine, un rôle décisif d'abord dans le relais des informations — dont une partie, le troisième jour, porte de Vincennes, a été médiatisée en direct, au contraire du premier attentat, médiatisé en indirect —, ensuite dans le relais de cette sorte d'information au second degré qu'est l'appel à mobilisation. Le troisième cercle sera celui des mobilisés eux-mêmes, citoyens d'une démocratie libérale, rassemblés autour d'un mot d'ordre inédit dans l'histoire des mots d'ordre français depuis la révolution de 1830, « liberté d'expression ». Il sera rejoint par celui des fidèles d'une culture laïque, dont la France redécouvre ce que tous les pays étrangers savent : qu'elle en a été le grand laboratoire — quitte à ne plus en être, pour certains, que le grand conservatoire. Le dernier cercle, le plus large de tous, sera celui des individus d'une société individualiste[1] confrontés à la parfaite logique d'une culture politique rigoureusement inverse.

2

Encore fallait-il que cet enchaînement eût un moteur. Ce qui relie tous ces milieux, c'est bien leur dépendance

1. Car il y a des individus en société collectiviste ; au reste, on les plaint.

à l'égard d'une figure que l'historien classique a longtemps manipulée avec candeur, sans chercher à l'analyser, qu'ensuite l'historien moderne a entrepris de découronner en n'en faisant plus que la façade trompeuse d'une société entièrement déterminée par les « structures », et qu'enfin l'historien postmoderne, nourri de « chute du Mur » et autres « 11-septembre », a remise en valeur, comme il a réhabilité la biographie. On aura reconnu l'événement. Reste à le penser.

Première étape de toute pensée : la dénomination. Le mot n'a pas seulement un sens, il est un sens. Et c'est lui donner du sens que de dénommer un événement. Au reste, les dénominations changent suivant les espaces (guerre de Sécession ou *Civil War*), suivant les temps (guerre du droit, Grande Guerre, Première Guerre mondiale, 14-18...). En matière de paroxysme, les enjeux du nom pèsent lourd. Ils éclairent l'art et la manière de bien user des gros mots. Ainsi de la série catastrophique : la *Catastrophe* des Grecs, la *Shoah* des Juifs, la *Nakba* des Palestiniens. Une catégorie particulière d'événement a eu droit au nom d'« événements ». Là où l'histoire classique aurait parlé de « journées », comme en 1830 ou 1848, celle de 1968 parle d'abord des « événements de mai 68 », avant que ne l'emporte « Mai 68 », voire « Mai ». En 2015, « l'attentat contre *Charlie* » se transforme deux jours plus tard porte de Vincennes en « attentats », mais la suite conduit les observateurs à adopter une délimitation qui intègre à ces deux épisodes violents une série d'épisodes, cette fois pacifiques, de mobilisation, eux-mêmes étendus sur plusieurs jours (manifestations du mercredi soir, du samedi, du dimanche...). L'incident créé par l'intervention dans le débat de Dieudonné, le soir même de la manifestation du dimanche, entretient une production événementielle qui décline lentement jusqu'à la fin du mois (sortie, le 14 janvier, du numéro dit « des survivants » puis festival d'Angoulême).

Le redoublement du modèle du double attentat — (a) contre les blasphémateurs ; (b) contre les juifs — à Copenhague les 14 et 15 février, soit à peine plus d'un mois après les événements parisiens, permet, par contraste, de clore la dimension proprement française de la question, qui a compris en son sein, dès les premières heures, un élément de comparaison internationale. Celle-ci est, pour ce qui concerne cet objet, mesurable en trois temps : médiatisation mondiale des événements, médiatisation non moins mondiale du numéro des survivants, enfin événements danois, à confronter à l'événementialité française. Pour le propos qui est le nôtre ici, cette délimitation suffirait à définir un événementiel auquel on peut donner, sur le modèle de Mai 68, du « Janvier 15 ». Mais c'est « la suite des événements » depuis lors, ponctuée d'autres épisodes sanglants et, par là même, spectaculaires, qui en confirme le caractère générateur[1].

On aura déjà compris — on sait déjà, si on a lu Pierre Nora, dont les premiers textes sur le sujet remontent à 1972 — que l'événement n'est ni un acte ni une action mais une médiation[2]. Pas ce qui advient, ce qui arrive, ce qui a lieu, mais ce qui a pour lieu les médias. Ainsi, de même que, sous le regard culturaliste de Régis Debray, l'intellectuel n'est pas celui qui pense la société mais celui qui communique et sait communiquer sa pensée, de même le fait

1. Écrit, on le rappelle une dernière fois, au plus tard le 31 août 2015.

2. Citons les deux articles fondateurs : Pierre Nora, « L'événement monstre », *Communications*, 1972, numéro 18, p. 162-172, et « Le retour de l'événement », *in* Jacques Le Goff, Pierre Nora, dir., *Faire de l'histoire*, vol. I : *Nouveaux problèmes*, Paris, Gallimard, 1974, p. 210-229. Parmi les réflexions collectives récentes : « Faire l'événement », *Sociétés et représentations*, numéro 32, décembre 2011 (sous la direction de Pascale Goetschel et Christophe Granger).

divers n'est-il pas un fait en soi (un incident, un accident, une excentricité, une incivilité, un délit, un crime) mais la manière dont les médias le configurent[1]. L'événement est bien ce «mana quotidien» dont Georges Auclair, s'inspirant de Marcel Mauss, esquissait l'analyse en 1970, le «merveilleux des sociétés démocratiques» du Nora de 1972. Avec ou sans l'aide de Marshall McLuhan, chaque élève d'école de journalisme est maintenant supposé savoir que l'événement n'est pas une information neutre que transporterait un canal, comme jadis les tubes du pneumatique faisaient circuler le courrier, mais qu'il est homologique de la technique de communication qui, en le faisant advenir comme information, le donne à voir et à penser.

Janvier 15 est un événement incompréhensible sans la prise en considération d'un certain état de la presse écrite — de la presse satirique pour commencer —, d'une certaine répartition des rôles entre radio, télévision, presse écrite numérique, réseaux sociaux et autres médiations auxquelles Internet ajoute désormais l'interactivité. L'origine iconique de toute l'affaire (les «caricatures de Mahomet») donne au rapport au visuel — y compris sa censure, comme dans le cas de la non-publication ou du floutage de certains dessins — une importance qui la fait entrer dans la catégorie de ce grand événementiel où continuent de trôner, dominant tout de la hauteur de leur dramatisation, les tours du 11-septembre.

1. Dans l'historiographie française citons les travaux de Dominique Kalifa (par exemple *L'encre et le sang*, Paris, Fayard, 1995) et ceux d'Anne-Claude Ambroise-Rendu (*Crimes et délits*, Paris, Nouveau Monde, 2006).

3

Analysé de plus près, Janvier 15 concentre des qualités événementielles remarquables qui en expliquent l'écho. La violence physique en est patente, avec ses morts et ses blessés, certains (tous ?) à vie, mais d'abord parce qu'elle est en quelque sorte précédée — un précédent qui ne se configure qu'a posteriori — par la violence verbale des fatwas et autres appels au meurtre. Et, précisément parce qu'il s'agit d'un cas typique d'homicide avec préméditation, on aura affaire ici à ce que la justice française qualifie d'« assassinat » (en droit anglo-saxon « meurtre au premier degré »). À ce stade il est troublant de rencontrer ce mot, dont l'étymologie, discutée dans le détail, rattache clairement le terme à une secte musulmane[1]. Quand le mot, d'abord arabe, entre en langue occidentale — en ancien français vers 1195, soit plus d'un siècle avant la relance décisive (*assessino*) par le poète italien Guido delle Colonne —, il est déjà connoté binaire et guerrier, là aussi, notons-le, sous la plume d'un autre poète, le clerc normand Ambroise, dans un long récit en vers de la Croisade (la troisième du nom, celle de Richard Cœur de Lion, dont Ambroise semble avoir été le poète « embarqué ») qui porte, tout simplement, le nom d'*Histoire de la guerre sainte*.

Considéré du point de vue dramaturgique, le massacre initial a tout pour attirer les regards : théâtralité des postures du couple assassin, anonymat initial des « douze

1. La discussion entre spécialistes porte non pas sur l'existence de la secte et son caractère radical mais sur le rapport au haschich et la réalité de ses projets terroristes. Ceux-ci sont cependant signalés dès les premiers textes. Il est vrai que ce sont des textes occidentaux : comme on le sait les victimes sont les plus mal placées pour savoir pourquoi on les tue.

morts», célébrité de plusieurs des victimes, quand les noms en furent connus. Cette célébrité fait émerger en pleine lumière leurs compagnons de mort, situant la distribution des *dramatis personae* entre le type du mort unique et illustre, façon John F. Kennedy, et celui de la longue litanie des morts ordinaires, façon monument de Ground Zero. À quoi s'ajoute ce mélange de probabilité («chronique d'une mort annoncée») et d'imprévisibilité («vous ne savez ni le jour ni l'heure») qui signe les récits en forme de fatalité. L'attentat de la porte de Vincennes, deux jours plus tard, relié a posteriori aux meurtres de Montrouge, passerelle entre les deux attentats, prend alors la figure d'un rebondissement, d'un deuxième acte (finalement, ce ne fut que le second), élargissant la signification éthique de la conjoncture à la question de l'antisémitisme, devenue depuis les années 1970 la grande question éthique occidentale, prototype des questionnements ultérieurs («islamophobie», «racisme anti-Blancs», «génocide tutsi», «génocide vendéen»...). Le temps passant, du vendredi au lundi, le relais se fait insensiblement de la physicalité absolue de l'homicide à l'intellectualité relative de la prise de parole et de la mobilisation des corps dans une autre dramaturgie, celle des politiques symboliques (la «manifestation»). Le temps de la violence se referme, en bonne règle humaine, par le cérémonial des funérailles. Le temps de la mobilisation, clos le dimanche soir, s'ouvrira de même sur l'espace d'un débat appelé à durer[1].

1. Lors de la présentation, devant l'association américaine des critiques de télévision, le 11 août 2015, de la saison 5 de la série *Homeland*, le patron de la chaîne Showtime a annoncé que l'attentat du 7 janvier serait intégré à l'intrigue. On peut penser que la fiction, française ou étrangère, n'en restera pas là. Que le premier signe vienne des États-Unis et d'une série télévisée dit sans doute beaucoup.

Est-ce que tout cela fait un événement « historique » ? L'Emmanuel Kant de juillet 1789 ou le Goethe de septembre 1792 ne se trompent pas quand ils enregistrent sur le coup l'importance, déjà à leurs yeux capitale, de la prise de la Bastille ou de la bataille de Valmy. Reste que seules les sociétés — autrement dit leurs politiques, leurs intellectuels, leurs organisations, leurs artistes, qui en monopolisent la représentativité — peuvent dire à quelle hauteur on pourra mettre, avec un certain recul, les actes de violence de trois terroristes de nationalité française et les effets qu'ils ont produits. En revanche il est déjà possible de conférer à Janvier 15 un premier statut historique, dans l'étendue de la perturbation apportée à un nombre élevé d'existences individuelles, plongées, bon gré mal gré, dans le collectif. L'inscription dans l'histoire d'un événement tient moins aux nombres eux-mêmes (pour Janvier 15, les « quatre millions » de manifestants du samedi et du dimanche, chiffre sans précédent dans l'histoire française des manifestations, ou à celui des « huit millions » d'exemplaires vendus du numéro des survivants) qu'à l'étendue des micro-histoires infléchies par l'irruption de l'événement dans leur déroulement et à la faible proportion des destins qui paraissent avoir échappé à ce *clinamen*. L'analyse fine de ces inflexions n'est à la portée de personne. Les chapitres qui suivront déclineront non pas certaines de ces études de cas, mais autant de possibilités d'interpréter avec ces grilles d'analyse successives la résonance intime de l'Histoire, dont on sait depuis Georges Perec, bien placé pour le dire, qu'elle s'écrit « avec sa grande hache ».

2
Le Crayon guidant le peuple

Le premier niveau de l'analyse, le plus étroit mais aussi le plus proche de l'individualité des victimes du 7 janvier 2015, porte sur une question qui semblait jusque-là réservée à quelques cénacles savants — tels les historiens des médias et, plus généralement, de la culture : celle de l'identité du dessinateur de presse. Jusqu'à ce jour-là, un peu avant 11 h 30, la question se posait en effet en ces termes : le dessinateur de presse était semblable à la chauve-souris de la fable ; je suis oiseau, voyez mes ailes, je suis souris, voyez mes griffes. Il appartenait à deux sociétés culturelles à la fois, celle des artistes et celle des journalistes, et cette double appartenance, loin d'être un avantage, était, en termes de reconnaissance, un handicap. Inutile de le nier, en effet : le dessinateur de presse était souvent considéré avec condescendance par les deux sociétés en question, chacune fonctionnant sur la base de ses propres traditions, qui produisent autant de hiérarchies.

1

Du côté du système des beaux-arts la cause était entendue. Le dessinateur de presse ne pouvait être qu'un artiste de second rang. D'abord parce que le dessin n'a jamais eu le prestige de la peinture, dont il est généralement assimilé à la forme préparatoire, ensuite — et surtout — parce que le dessin de presse souffre d'une double infirmité. D'une part, il appartient intrinsèquement au monde inférieur de la duplication, au même titre que la photographie ou la bande dessinée ; il ne se donne pas d'emblée à la société sous la forme d'un objet unique, certes reproductible mais dont — au contraire de ce que laisse entendre Walter Benjamin — la reproductibilité accroît l'aura, puisqu'elle renvoie à ce lieu unique où le fidèle de la religion culturelle devra venir, au moins une fois dans sa vie, comme à La Mecque, le contempler. Il appartient, de surcroît, à la duplication la plus vulgaire, celle de la publication périodique, imprimée sur des supports souvent médiocres et fragiles, sitôt lue sitôt jetée, et dont il n'est pas toujours l'ornement le plus distinctif.

Plus au fond, il aggrave son cas en étant, par définition, instrumentalisé. « Défense et illustration » de certaines valeurs, il vise un effet immédiat, et joue son va-tout sur sa capacité à atteindre cet objectif dans le court espace-temps de la publication elle-même. Et il met un comble à son infériorité en donnant à cet objectif la forme la moins noble qui soit, puisqu'il se situe généralement entre le rire et le sourire. Si le comique s'est toujours fait une place au sein des arts du conte et de la scène, les arts visuels l'ont généralement tenu en lisière : on peut aller au théâtre pour rire, pas au musée. La religion culturelle, substitut moderne de la religion traditionnelle, a construit son univers à partir des arts plastiques. Le sublime jouit du grandiose ou du terrible, du triste ou du doux, pas du drôle. Faire rire est, au sens strict du mot, « ig-noble » et il suffit d'avoir, comme tout artiste ou intellectuel moderne standard, un habitus mélancolique pour ranger, non sans une trouble fascination, le rire du côté du satanique — c'est bien ce que pense, vers 1855, un obscur journaliste du nom de Charles Baudelaire quand, en guise d'introduction à un livre qu'il ne terminera jamais sur la caricature, il consacre quelques pages à *L'essence du rire et généralement du comique dans les arts plastiques*.

Le dernier coup, qui achève la victime, nous la montre faisant, en termes strictement formels, le choix fatal du figuratif, règle implicite du genre, qui ne souffre que d'infimes exceptions. La bande dessinée, désormais émancipée des règles graphiques de ses origines, est sur ce point beaucoup moins contrainte que le dessin de presse, conservatoire de la représentation classique, fût-elle en mode relâché. Au reste c'est peut-être justement cette dernière caractéristique — le figuratif d'action directe — qui garantit sa large audience : autre motif de dédain, dans une perspective moderniste.

À ce stade, la qualification du sujet n'est pas un enjeu négligeable. On parle ici de dessin de presse (*cartoon* en anglais) pour donner à la question son acception a priori la plus large mais on sait que le terme est en concurrence avec celui de caricature. Le dessin de presse sera une forme-support. On le distinguera alors du dessin d'illustration mais on aura du mal à en fixer la frontière avec la bande dessinée comique en *strip* ou planche périodiques (*Peanuts* ou Claire Bretécher). Au reste, la terminologie est peu rigoureuse puisque si le dessin, au sens technique du mot, recourt volontiers au crayon, à la plume et au pinceau (c'est le triptyque de la définition de Littré, par exemple) — et la reproduction lithographique reste dans le cadre de cette épure —, la technique employée par le « dessinateur » peut être, à la rigueur, strictement picturale. La notion de caricature appartient à une autre généalogie ; elle ne se préoccupe pas de procédé mais de forme. La caricature est un genre et, par là, se rattache à l'histoire de l'art. Le terme est présent dès le XVIIe siècle, sous la plume des premiers historiens de l'art « baroque », de la génération des Mosini et des Baldinucci, au prix d'une réinvention de ses origines, qu'il importe de rattacher à l'Italie de la Renaissance. Le genre est posé, mais en position nettement basse, n'étant présenté que comme un jeu, voire pire : un délassement (d'atelier, en l'espèce celui des frères Carrache). Le concept est présent en France dès les origines de l'Académie royale de peinture et sculpture et il est traduit par le terme de « charge » — le siècle suivant introduira le terme italien, ce qui contribue à une modeste valorisation[1]. Mais si, d'un côté, la caricature peut être pratiquée par des artistes reconnus, de l'autre elle reste dans une position analogue à celle du jeu de mots que Victor Hugo, amateur de calembours, définissait cependant comme « fiente de l'esprit qui vole ».

La question change de nature quand on entre dans la modernité culturelle, situable, sur ce plan comme sur tant d'autres, au cœur des Lumières. À côté de cette caricature de la main gauche y apparaît une spécialité qui peut définir l'essentiel de l'œuvre de quelqu'un auquel on ne refusera pas pour autant le nom, désormais valorisant, d'artiste. C'est dans le Royaume-Uni, lieu de la première expérience libérale prolongée, à partir de la « Glorieuse Révolution » de

1. L'article « Charge » du *Trésor de la langue française* (*TLF*) cite une conférence du peintre Henri Testelin en 1675 devant l'Académie, dont il est le secrétaire.

1688, que la figure émerge. Le héros de ces temps modernes est William Hogarth, qui, intelligence libérale, est aussi très conscient de ce caractère fondateur quand il présente son projet de vie comme la représentation plastique de « sujets moraux modernes ».

Par ses origines, la notion de caricature peut paraître par trop restrictive pour pouvoir rendre compte de la variété des procédés de « charge ». Dans sa forme stricte — celle des « portraits-charges » du XIXe siècle français, façon Daumier ou Gill — elle est fondée sur la déformation de l'apparence physique d'un être vivant, homme ou animal — au reste l'homme peut être animalisé, voire végétalisé, comme le Louis-Philippe en forme de poire de Charles Philippon, en 1831. Par extension elle peut « charger » une collectivité — toutes les caricatures racistes sont de cette eau-là. Reste que le terme de charge définit quand même plutôt bien ce qu'essayaient de faire des auteurs aussi éloignés, à première vue, du portrait outré que sont un Saul Steinberg, un Jean-Jacques Sempé ou un Philippe Honoré, mais dont on peut dire qu'ils savent, en effet, charger leur dessin de fantaisie, de folie et/ou d'ironie. On voit donc que la question est moins ici dans le procédé (exagération des « traits » du caricaturé par le recours au « trait » du caricaturant) que dans l'intention. La capacité qu'a eue la caricature de s'intégrer au monde de la télévision (de la marionnette satirique à la performance de dessin en direct) confirme la plasticité du genre.

Comme souvent, l'interprétation par la technologie culturelle n'est pas totalement à rejeter mais, dans l'éternelle question de la poule et de l'œuf, l'ordre chronologique semble montrer que si des carrières (le mot convient à Hogarth : *Une carrière de prostituée*, *Une carrière de roué...*) de « caricaturiste » se construisent à partir de cette époque (significativement le nom, d'après le *TLF*, n'apparaît en français que vers 1800, et à propos des Anglais), ce n'est pas « à cause de » ou « grâce à » la lithographie, mise au point deux générations après Hogarth, mais parce que le système culturel ambiant était désormais friand de ce mode populaire de satire, capital dans une société d'opinion publique où l'alphabétisation demeure minoritaire. « L'homme ne se pose que des questions qu'il peut résoudre » : les sociétés adoptent des techniques correspondant à leurs besoins du moment, sinon elles les laissent enfouies dans le sous-sol des utopies (l'invention, on le sait, est une exhumation) une décennie, un siècle, un millénaire, ou à jamais. Bref, c'est la liberté d'expression qui permet l'entreprise d'impression, et non le contraire.

2

Rien, cependant, qui en fasse un genre noble. D'autant moins que le dessinateur de presse avait en outre à se faire reconnaître du côté de l'autre société dont il était partie prenante, la société des journalistes. La noblesse du stylo ou du micro pouvait en effet hésiter à admettre en son sein les teneurs de crayon. Dans la hiérarchie implicite du métier trônent au sommet deux figures respectées, aux caractéristiques au reste opposées mais qui, de ce fait, couvrent bien l'ensemble du champ : l'éditorialiste et le reporter. Le premier, auquel on peut rattacher le chroniqueur et le critique, pèse par sa capacité à concevoir, à juger et à formaliser son jugement. Il participe d'une double généalogie littéraire et intellectuelle. Le second, auquel on peut rattacher le photoreporter et le journaliste d'investigation, participe, lui, d'une tradition plus physique, plus immédiatement héroïque, de l'informateur et de l'enquêteur, voire du redresseur de torts (où l'on retrouve le juge). Notons au passage que, malgré une convention admise dans l'éthique journalistique, ces deux figures ne se limitent pas à un face-à-face «presse d'opinion»/«presse d'information», renvoyant lui-même à un face-à-face presse latine/presse anglo-saxonne. Demeure que, sur ce terrain, le dessinateur de presse peut apparaître comme un mixte des deux, partie prenante de l'instance de jugement comme de l'engagement physique, mais en version clairement dégradée. Il était entendu que le dessinateur pensait court et ne s'engageait pas bien gravement.

L'histoire du statut du dessin dans l'histoire de la presse écrite — en particulier des quotidiens et des hebdomadaires — confirme la difficulté que le dessinateur a à trouver sa place au sein d'une maquette comme au sein d'une rédaction. Un quotidien dit «de référence» comme *Le Monde* avait fait le choix, dans la continuité de son prédécesseur non officiel, *Le Temps*, de ne pas s'ouvrir à l'image, qu'elle fût photographique ou dessinée. Le dessin n'y entrera, avec Konk, qu'après le départ de son fondateur, Hubert Beuve-Méry. Sur la moyenne durée d'un demi-siècle, la place du dessin de presse a plutôt progressé dans un pays comme la France, mais, outre qu'en termes de maquette on est loin de la place de choix qui lui était donnée en première page des grands hebdomadaires de l'entre-deux-guerres, cette progression se déroule dans une presse qui, elle, en audience, a reculé.

Cette identité métisse éclaire la coloration idéologique du milieu. Les artistes-journalistes de *Charlie Hebdo* sont partis au combat crayon à la main, au nom d'une mission — le contre-pouvoir — et d'un principe — la liberté d'expression — qu'ils tenaient de ce double héritage. La tradition romantique d'où est issue la religion culturelle fait de l'artiste et de l'intellectuel au minimum un tribun de la plèbe, au maximum un prophète, un voyant annonciateur des temps à venir — éventuellement un prophète de malheur —, entre les deux un messager de paix[1]. Elle encourage le choix de positions situées aux deux extrêmes de la vie politique. Elle rend moins surprenants le passage d'un extrême à l'autre (de gauche à droite dans le cas d'un Hermann-Paul ou d'un Konk) ou cet itinéraire radical qu'a représenté Henri Gustave Jossot, collaborateur de *L'Assiette au beurre*, passé dans les années 1910 de sympathies anarchistes à la conversion à l'islam, disciple d'un grand maître soufi avant, semble-t-il, de faire, pour finir, marche arrière. Le témoignage, recueilli en 1999, du dessinateur Tignous — l'un des assassinés de *Charlie*, dont ses camarades dessinateurs, avant qu'il ne soit inhumé au cimetière de Montreuil, couvriront le cercueil de dessins — avançait à son propos une hypothèse psychologique : « S'il faut trouver une raison à ma vocation, je me vois comme quelqu'un de peureux, pas timide mais peureux, et peut-être que le dessin est un moyen de me montrer que je suis vachement courageux[2]. » Réponse individuelle, mais qui renvoie à une configuration plus large, la satire en général et le dessin satirique en particulier pouvant être interprétés comme des sublimations faisant de leurs auteurs, ces augmentateurs, des hérauts, à défaut d'être des héros.

1. C'est ce dernier rôle qu'entend jouer Cartooning for Peace, association internationale de dessinateurs de presse créée par Plantu, sous le patronage de Kofi Annan, à la suite de l'affaire des caricatures danoises.

2. Christian-Marc Bosséno, Marielle Silhouette et Laurent Tastet, « Le rire au corps. Grotesque et caricature », revue *Sociétés et Représentations*, numéro 10, 2000/2).

3

Le 7 janvier a bouleversé tout cela, sinon définitivement, du moins durablement. L'Histoire scellait de la manière la plus radicale cette double identité. Ce n'est ni la première ni la dernière fois : les victimes de discrimination, voire de génocide, le savent bien, qui peuvent se réveiller un jour revêtues de l'identité de juif, de musulman ou de Tutsi sans l'avoir demandé et parfois même sans l'avoir, jusque-là, jamais su. Du côté des dessinateurs une partie de la sidération vient de là. « Stupeur. Nausée. Chagrin » est le titre de la lettre ouverte collective que signeront, le 14 janvier, l'ensemble des Grands Prix du festival d'Angoulême, se posant la question : « Comment s'asseoir à sa table, comment dessiner désormais ? », pour répondre : « Aujourd'hui où tout nous semble dérisoire, inutile face à la perte de ces compagnons, de ces amis, dessinons, écrivons, imaginons, chacun à sa manière, chacun avec ses moyens, avec cette conviction, avec cette énergie qui semblait n'avoir jamais fait défaut à ces artistes, sans doute aussi parce qu'ils fonctionnaient en bande. Nous sommes ensemble un grand atelier. » Moment de rappeler que le festival en question, lieu identitaire de la BD, avait aussi décerné son Grand Prix à des dessinateurs de presse comme Wolinski (2005) ou Willem (2013).

Mais le bouleversement ne fut pas moins grand du côté des journalistes. Un régime autoritaire ou totalitaire peut arrêter, déporter, fusiller une rédaction ; un journaliste peut être pour des motifs idéologiques individuellement molesté, torturé, assassiné : la presse et son histoire sont pleines de ces récits. Mais il semble bien qu'il n'existe pas de précédent au massacre d'une rédaction. Quoi qu'il en soit, dans la culture mondiale des médias, celui de *Charlie Hebdo* a été vécu comme une première. Désormais il importait peu qu'il y ait eu des «survivants» — mot d'une grande violence symbolique et qui faisait mesurer la béance du vide laissé par les tués, utilisé par les médias eux-mêmes dans les jours qui ont suivi: le geste des terroristes était bien, ils l'ont dit, de «tuer *Charlie Hebdo*». À partir de cet instant, les médias — de France, d'Europe, d'Occident et d'une grande partie de la planète — recevaient clairement le message: c'est nous qu'on assassine. Dès le mercredi soir, la manifestation improvisée de la place de la République avait lieu à l'appel du Syndicat national des journalistes et de Reporters sans frontières. L'ampleur de la réponse des samedi et dimanche a été due, d'abord, à l'ampleur de la mobilisation des médias.

Dès les premiers dessins en hommage aux assassinés du 7 janvier, la confrontation entre une arme à tuer et un simple crayon s'imposa comme une figure de protestation des agressés contre leurs agresseurs. Dès la première manifestation, le soir même du premier attentat, des dessinateurs brandissaient un crayon. Lors des manifestations de la fin de semaine, à côté de nombreuses banderoles ou de pancartes figurant des instruments d'écriture, des artistes fabriqueront de gigantesques crayons en trois dimensions. Deux photographies prises place de la Nation le 11 février, signées Stéphane Mahé pour la version diurne et Martin Argyroglo pour la version nocturne, imprimeront durablement l'image, cadrée façon Delacroix[1], du *Crayon guidant le peuple* — figuration que Plantu avait lui-même adoptée

1. Dans *L'Obs.fr*, en date du 13 janvier, Cyril Bonnet se livrait à une analyse formelle des deux photographies, dans la composition desquelles il retrouvait, entre autres, jouant à plein son rôle, la suite de Fibonacci, donc le nombre d'or.

dans un dessin publié en première page du *Monde* sorti le 9 janvier. Le dessinateur de presse pouvait désormais brandir la plus imparable des «cartes de presse»: elle était signée de son sang.

3

Caricatures de Mahomet

Sa dangerosité supposée, le dessin de presse la puiserait dans deux forces qui peuvent faire peur à l'autorité, ou du moins à ceux qui s'en instituent les représentants, celle du rire et celle de l'image. Comme souvent au long de cette discussion on devra tenir compte de la performativité des positions défendues : c'est à la violence des réactions que peuvent susciter ces deux modes d'expression qu'on peut mesurer l'importance que certains individus, certains groupes, certaines sociétés leur accordent. Si « l'hypocrisie est un hommage que le vice rend à la vertu », le scandale, la censure et la répression sont autant d'hommages que l'intransigeance rend à ce qui la provoque. Reste que la question de la satire a ici moins de résonance que celle de la représentation et que l'assassinat de dessinateurs a d'autant plus frappé l'imagination occidentale qu'il apparaissait comme plus surprenant encore que l'assassinat d'écrivains. Pour l'assassin de 2015, la question cruciale est moins encore dans la dérision que dans la figuration.

1

La question de la satire n'est pourtant pas aussi simple qu'il y paraît. Nommée à partir de ses cristallisations grecques et romaines, cette variété du comique est en effet de l'ordre du débat, voire du combat. Dans la satire le rire n'est pas seulement — risquons une première définition, celle du rire lui-même — la libération émotionnelle devant ce qui apparaît au rieur comme une incongruité. Il est un outil pédagogique, voire une arme, au besoin meurtrière. Disons — et nous risquons ici la seconde définition — que la satire est le projet de risibilité d'un autrui dont on veut se distinguer — au contraire, par exemple, de l'humour qui n'exclut jamais qu'on fasse partie de son sujet, et sans parler de positions plus fondamentales encore, dont le rire n'est même pas l'objet car elles ignorent souverainement toute instrumentalisation et, au-delà, tout projet[1]. Le satiriste a des cibles, voire des têtes de Turc. Les moyens changent, la visée reste. Juvénal ou Agrippa d'Aubigné écrivent des poèmes, les clercs auteurs de *Renart* ou Jonathan Swift un roman, Aristophane ou Molière des pièces de théâtre, Lenny Bruce ou Coluche montent sur scène, Norman ou Cyprien se plantent devant leur webcam : la continuité satirique est plus forte que la rupture des moyens mis en œuvre.

Dans la mesure où il s'agit de montrer du doigt, de dénoncer, d'attaquer, la satire se situe dans une perspective si peu que ce soit politique, car elle implique un minimum d'espace public — un public de rieurs supposés — et, comme dans une *disputatio* médiévale, une campagne de presse du XIXe siècle ou un face-à-face télévisé, une situation

1. On aura reconnu ici la 'Pataphysique.

polémique. Toute satire défend implicitement un point de vue, contribue à sa promotion. Voilà pourquoi on peut dire qu'Honoré Daumier ou Cabu écrivent un dessin, que celui-ci soit ou non accompagné d'une légende : l'éloquence n'est pas seulement verbale. Voilà aussi pourquoi la satire est toujours, au fond, argumentative, même si sa tactique est de n'en rien laisser paraître, d'aller droit au but — qui n'est pas l'adversaire mais le rieur. Sa spécificité est en effet non dans la structure mais dans le mode, pas dans l'attaque / défense mais dans la dérision.

C'est à ce stade qu'il faut faire un retour sur le statut particulier du rire face aux élites et aux institutions établies. Dans *Le nom de la rose*, Umberto Eco transforme en roman la persécution, réelle, menée par certains intransigeants chrétiens, de saint Benoît à saint Bernard, contre le comique, en supposant qu'avait bel et bien existé le second tome, probable mais non certain, de la *Poétique* d'Aristote, consacré à ce sujet. Indépendamment de sa fonction dénonciatrice, perçue dans l'ensemble négativement par l'individu, le groupe ou l'institution visés, le rire bénéficie en effet d'un préjugé défavorable auprès des élites intellectuelles, là aussi prises dans leur ensemble, les exceptions ne faisant que confirmer la règle. C'est ici le comique en soi qui est ostracisé, et c'est la notion de sérieux qu'il faudrait interroger. Les vérifications de cette infériorisation sont innombrables. La hiérarchie théâtrale classique met la comédie au-dessous de la tragédie. L'acteur comique se valorise socialement en réussissant à prouver au public et à la critique qu'il peut « aussi » exceller dans le drame. Encore demeure-t-on ici dans des domaines artistiques où cette minorité dominée a encore voix au chapitre. Il est des pans entiers de l'activité artistique où la présence reconnue au comique est si faible qu'elle paraît foncièrement étrangère à leur essence — la peinture, la sculpture, la musique instrumentale, la danse… Tout se passe comme si la frontière passait par la verbalisation : il y a un genre opéra-comique ou opéra bouffe, pas de genre « symphonie-comique ». Mais, du coup, c'est là que la notion de caricature trouve toute sa pertinence intellectuelle et, sans doute, puise sa force sociale.

Le paradoxe de la question posée par la dangerosité supposée de l'image est perceptible dès que l'on aborde la délimitation exacte de la satire, qui chez Littré, et encore chez Robert, ne paraît connaître que la forme écrite, limitant son champ à celui de la parole, orale ou écrite, ignorant donc la satire dessinée. Preuve supplémentaire du faible crédit de l'image satirique mais aveu, aussi, de sa force verbale. Le dessin satirique se soutient le plus souvent sur un texte, qui, au reste, peut être de deux natures : écriture ou parole, réunies dans le terme unificateur de « légende ». Cette dialectique se vérifie expérimentalement : beaucoup de dessins satiriques ou humoristiques n'ont aucune signification de cet ordre seuls, il faut qu'un texte les accompagne pour que l'effet comique soit déclenché. Un bel exemple est donné par le dernier dessin de l'un des assassinés du 7 janvier, Honoré, envoyé à la presse quelques minutes seulement avant l'irruption des assassins. On y voit, traité avec la science reconnue du noir et blanc de son auteur et sans aucune exagération physique, Abou Bakr al-Baghdadi, leader de Daech, prenant la parole devant un micro. La force comique est entièrement donnée par la rencontre entre le dessin et les deux légendes qui font partie intégrante de l'œuvre : « Vœux. Al-Baghdadi aussi », et : « Et surtout la santé ! ».

À la limite, certains effets comiques siègent tout entiers dans la légende, qui aurait déclenché le rire sans qu'on jetât un coup d'œil à l'image. Après tout *Charlie Hebdo* est né de l'interdiction, en 1970, non d'un dessin mais d'un texte :

BAL TRAGIQUE À COLOMBEY

—

UN MORT

Sauf à supposer que cette couverture de l'*Hebdo Hara-Kiri* était en elle-même une image typographique. Mais, à l'autre extrémité, la charge dessinée peut se suffire à elle-même, qu'il s'agisse de l'exagération ou du décalage des traits physiques des personnes visées ou de leur inscription dans l'espace (gestuelle, posture, coiffure, vêtements, actions...).

Réduite à sa plus simple expression, la caricature apparaît alors comme un procédé cherchant le rire par la concentration des signes non verbaux d'incongruité — congru : ce qui convient, ce qui est « convenable », notion éminemment relative. On peut alors interpréter cette concentration, cette intentionnalité affichée, comme un substitut de verbalisation. Texte ou pas, le dessin satirique n'est pas une image qui parle ; cette qualité est assez répandue, et bien au-delà de la caricature ; on a même inventé trois disciplines pour ce faire : l'esthétique, la critique d'art et l'histoire de l'art. Non, le dessin satirique veut nous parler ; c'est une image qui s'adresse à nous.

Le commanditaire — s'il y en a un — et le créateur — il y en a toujours un — de ce dessin partagent avec son censeur, réel ou intentionnel, la conviction de l'efficacité de cette démarche. Du côté des attaquants, Édouard Drumont est tout à fait conscient de l'importance du dessin quand, en lançant son quotidien antisémite *La Libre Parole*, il pose en principe que « l'image doit compléter l'œuvre de la plume». En précisant qu'elle «s'adresse à ceux que l'écriture n'a pas encore touchés», le polémiste avance un premier argument qui, contrairement aux apparences, est sans doute décisif. Pas simplement au sens restreint d'une distinction spatio-temporelle entre deux sociétés — l'une, éduquée, plus intellectuelle, qui serait atteignable par la parole, l'autre, analphabète ou tout comme, accessible par des voies plus immédiates et proprement sensibles — mais aussi au sens large d'une double stratégie, la polémique par l'image venant en flanc-garde de la polémique centrale, fondée sur le verbe — et on ne sache pas que le verbe ait vu son importance diminuer dans le débat social avec l'alphabétisation, bien au contraire : la radio et la télévision nous en administrent la preuve tous les jours. Les périodiques imprimés qui accordèrent une place de choix au dessin satirique en témoignent suffisamment : la lecture et l'appréciation du dessin n'étaient pas limitées aux couches inférieures, peu scolarisées, de la population ; tout dépendait du lectorat visé par le titre. À chaque public son dessinateur. La bourgeoisie française d'idéologie conservatrice de la France des années 1930, par ailleurs diplômée et férue de culture classique, pouvait accorder a priori autant d'importance à un dessin de Sennep ou d'Hermann-Paul qu'à un éditorial de Pierre Gaxotte ou de Robert Brasillach.

La crainte du censeur s'est en général portée, suivant les époques, vers le média supposé le plus dangereux en fonction de la culture politique dominante. Censurer les productions savantes a surtout du sens si le pouvoir circule au sein d'une élite étroite. Avec la montée de la souveraineté populaire et de la démocratie de suffrage universel, c'est vers les formes considérées par les élites (politiques mais aussi culturelles) comme les plus populaires que se concentre peu à peu la volonté de contrôle, qui seront toujours les moins textuelles, les plus spectaculaires — *spectaculum*: «ce qui s'offre aux regards». Ainsi s'éclaire l'extrême libéralisme qui prévaut en matière d'imprimé dans un pays comme la France à partir des années 1880, alors que les arts de la scène continuent pendant un quart de siècle encore à bénéficier d'un régime de censure officiel, avant à leur tour d'être libérés — au «profit» du cinématographe, désormais jugé comme le lieu de tous les dangers. Quand en 1949 la démocratie française, à peine sortie de l'occupation nazie, a voté une loi d'ordre moral visant «les publications destinées à la jeunesse», l'existence même de cette loi confirma que c'étaient les genres supposés populaires qui étaient sortis du cercle de la protection — et son application confirma que le texte demeurait privilégié puisque dans les faits elle ne fut guère appliquée qu'aux «illustrés».

L'auteur de ces lignes a été trois fois dans sa vie — jusqu'à présent — l'objet d'une censure. La plus récente a porté sur des reproductions de bandes dessinées, placées dans un ouvrage abondamment illustré et consacré à *L'art de la bande dessinée*[1]. Cette censure venait d'une inspectrice d'académie qui avait envoyé aux responsables de CDI de sa circonscription un courrier dans lequel, au-delà même de cet ouvrage, dont on demandait qu'il ne fût pas acquis sur les deniers publics, il leur était demandé de «feuilleter avec la plus grande attention» BD et mangas. Cet intéressant oxymore s'expliquait par la double conviction du censeur que la bande dessinée était un objet méprisable («feuilleter») mais dangereux («avec la plus grande attention»). C'est cette double conviction qui conduit tant de titulaires d'une autorité publique à faire de l'image satirique un objet

1. *Op. cit.*

de scandale et un danger sans commune mesure avec ceux d'un simple texte.

2

Tout ce qui précède n'est cependant qu'une introduction à la question la plus grave posée par la tragédie de 2015, qui tient à ce qu'à la colère des attaqués devant la satire, et la satire dessinée, se surajoutent de profondes convictions iconoclastes qui elles-mêmes, en retour, permettent d'éclairer les soubassements de ce qui ne peut être appelé autrement que, au-delà du simple «refus» et sur un autre plan que la simple «peur», la haine des images. Le terme d'*aniconisme* entend regrouper toutes les formes d'exclusion de la représentation animée, de la déité à l'animal (rarement du végétal, cependant, qui est donc peut-être du côté de la vie mais pas de l'âme). Dans une perspective de lutte contre la superstition, l'hérésie ou l'infidélité — qui est la situation analysée ici —, l'aniconisme se traduira, activement, par la destruction des images, l'iconoclasme.

Celui-ci a évidemment à voir avec le monothéisme. Le polythéisme n'est pas iconoclaste, tout simplement parce qu'il en est incapable. À la limite, il peut détruire les images du peuple, de la cité adverses mais en tant qu'images de l'adversaire vaincu, jamais en tant qu'idoles, puisque idolâtre lui-même. Si les images sont celles d'un allié ou d'un adversaire qu'on souhaite simplement assujettir, le mode de fonctionnement polythéiste conduit à les respecter; l'histoire culturelle du monde antique est sur ce plan celle d'une progressive pénétration des cités grecques puis de l'imperium romain par quantité de cultes «étrangers», de même que l'archéologie des territoires conquis par

Rome livre sans cesse les témoignages d'un syncrétisme volontiers hiérarchique mais jamais exclusif de l'autre. Les divinités celtiques ou sémitiques[1] sont plus ou moins assimilées à des divinités romaines mais elles ne subissent aucune extermination, et ce sont souvent elles qui finissent par l'emporter, surtout dans les classes populaires.

Tout change avec le judaïsme, dont le Dieu unique est à la fois seul Être et, par un paradoxe apparent[2], interdit de représentation. Dans la Bible des juifs puis des chrétiens la condamnation de la représentation divine n'est pas périphérique : elle est capitale. Elle ne constitue rien de moins que les premier et deuxième commandements de Dieu (*Exode*, XX, 3-6), parlant directement par l'entremise de Moïse. Premier commandement : *Tu n'auras pas d'autres dieux face à moi.* Deuxième, découlant de cette prémisse : *Tu ne te feras pas d'idole, ni rien qui ait la forme de ce qui se trouve au ciel là-haut, sur terre ici-bas ou dans les eaux sous la terre. Tu ne te prosterneras pas devant ces dieux et tu ne les serviras pas, car c'est moi le Seigneur, ton Dieu, un Dieu jaloux, poursuivant la faute des pères chez les fils sur trois et quatre générations — s'ils me haïssent.* La version est celle de la traduction œcuménique de la Bible (TOB), établie entre catholiques et protestants, publiée en 2002. Dans la plupart des autres traductions la notion d'« idole » est précisée en termes de sculpture (« image taillée », « *graven image* » dans la version anglaise du roi Jacques). Elle est suivie, on l'a vu, dans le même verset, d'une extension à toutes les « formes » (« représentation » est la traduction de beaucoup

1. Il est important de noter que le souvenir du polythéisme qui régna pendant des millénaires sur les terres qui s'étendent à présent du Maroc à la Syrie et ont connu depuis lors trois siècles d'hégémonie chrétienne puis quatorze d'hégémonie musulmane est aujourd'hui, sur place, fort occulté.

2. Tous les paradoxes sont apparents. C'est même à ça qu'on les reconnaît.

de versions, « ressemblance » chez d'autres, ce qui est donné par « *likeness* » dans la version du roi Jacques).

La glose sur ces trois versets — élaborés sans doute à des moments différents de l'histoire du Livre — est évidemment considérable. On ne l'examinera donc pas puisque ce qui nous importe est seulement la lecture qu'une certaine famille de croyants musulmans en a faite à partir du 30 septembre 2005, date de la publication des caricatures danoises de Mahomet. On se contentera de faire remarquer, en termes formels, que le Décalogue a été donné par Dieu à Moïse sous la forme d'un texte écrit, et même gravé, comme le symétrique positif de la mauvaise gravure, celle de la représentation d'un être vivant : preuve définitive de la supériorité de la parole sur l'image, qui n'est ici importante que parce qu'elle est dangereuse. Quant au paradoxe signalé plus haut on peut avancer qu'il se résout dans la proposition d'une exclusivité divine si large, si enveloppante, si exigeante qu'elle ne laisse place à aucune représentation, même de l'Un qui, s'il était représenté, ouvrirait la porte à des variantes, des conflits, des dérives de représentation.

Reste que, par ce refus originel de l'idolâtrie, les deux grandes religions monothéistes héritières du judaïsme ont été parcourues par des courants hostiles aux images représentant des êtres vivants et, au-dessus de tout, l'Être suprême. Suivant les périodes et les âges, les penseurs et les dirigeants laïques ou religieux, le tabou portera sur la seule représentation de Dieu, sur celle des êtres humains ou sur toutes les créatures. Il pourra, par contamination, entraîner une réduction *a minima* de toute image et/ou de toute couleur — ainsi l'intransigeant Bernard de Clairvaux poursuivra-t-il, dans les édifices cisterciens construits sous son égide, un projet chromoclaste, pour reprendre le terme popularisé par Michel Pastoureau[1]. Qu'il s'agisse d'un a priori puritain, méfiant à l'égard des sens, est confirmé par l'extension possible de la condamnation rigoriste à la musique, à la danse, au théâtre, aux parfums...

Construit sur une dynamique d'éloignement par rapport à ses origines juives, libéré de toute confrontation directe par la destruction du Second Temple et la diasporisation presque totale du peuple élu après l'écrasement de toutes ses révoltes, le christianisme, dans sa phase ascensionnelle vers le pouvoir d'État, n'aura pas à se confronter à l'iconoclasme mais à des propositions polythéistes, caractérisées, sur ce plan, par la figuration de la divinité. Fidèle en cela aux choix essentiels de son fondateur, Paul de Tarse, il fera toujours, au final, dans les instances dirigeantes de ses principales églises, le choix de l'image, mais moyennant quelques poussées iconoclastes.

Au Moyen Âge, la plus grave crise est celle qui, à deux reprises, ébranla l'Église d'Orient, atteinte, par exception, à son sommet — qui est bien ici le pouvoir impérial, non le patriarcat de Constantinople. À ces deux moments précis (une soixantaine d'années au VIIIe siècle, une trentaine au IXe) les dirigeants politiques byzantins, convertis à la lutte contre les images, entendirent en effet mettre leurs actes en accord avec leurs convictions. La clé est donc politique, mais au sens où on peut concevoir le politique avant les temps laïques, c'est-à-dire dans une étroite symbiose entre les intérêts immédiats des dirigeants et les représentations qui organisent leur rapport au monde. Et c'est là que l'islam entre en scène, de manière indirecte. La politique

1. Le vitrail cistercien est une grisaille. La première commande à un artiste moderne dans un tel lieu (Jean-Pierre Raynaud, en 1975, à l'abbaye française de Noirlac) ira dans ce sens.

iconoclaste, décidée d'en haut par les deux empereurs Léon IV et Constantin V, est, en dernière analyse, une manière de répondre au dynamisme islamique qui paraît progresser de manière irréversible, puisqu'en soixante ans (634-698) il a imposé son autorité à rien de moins que les deux tiers de l'Empire. Au reste, il est frappant de constater que les terres ainsi conquises d'emblée sur les chrétiens correspondent exactement au grand axe arabo-musulman actuel, s'étendant de la Syrie au Maroc. Il se trouve que cet islam a fait le choix — «juif» — du tabou de la représentation divine. L'acte fondateur de l'iconoclasme impérial est, au fond, tout politique puisqu'il s'agit de la disparition de l'image du Christ du palais de Léon IV. Une série de victoires sur les Arabes paraîtra dans un premier temps bénir le choix des dirigeants mais celui-ci allait tellement à rebours de la sensibilité de la majorité des fidèles qu'il ne put tenir. À deux reprises les iconophiles reprirent le pouvoir, la deuxième fois, en 843, de manière définitive. L'Église orthodoxe du XXIe siècle campe, pour l'essentiel, sur les positions adoptées à cette date.

L'interprétation intellectuelle («théologique») de l'iconophilie pourrait se fonder sur un distinguo capital entre réalité et vérité: la réalité est d'ordre physique, la vérité d'ordre métaphysique. Elle saura trouver dans le Livre la formule fondatrice, présente dès les premiers mots du premier texte (*Genèse* 1, 26): «Puis Dieu dit: "Faisons l'homme à notre image, selon notre ressemblance."» Ce n'est donc pas l'homme qui, en le représentant, anthropomorphise Dieu, mais Dieu qui, en le créant, donne forme, sens et matière au divin. Sous le regard des sciences de la société ce choix peut être interprété comme la reconnaissance d'un besoin de matérialité largement répandu dans les sociétés humaines, qu'il importe seulement de canaliser dans la bonne direction : idole, non, icône, oui. Une fois de plus, le problème est moins une question théologique qu'une question politique, en ce qu'elle concerne non la représentation de la divinité — préoccupation presbytérale, objet de débat entre élites, en situation ou non de mobiliser autour d'elles un cercle plus large de fidèles — mais le gouvernement de la communauté.

Demeure une question centrale et elle aussi totalement historique, en ce sens que les justifications théologiques ne viendront qu'a posteriori théoriser le choix des dirigeants — l'exemple byzantin montrant bien qu'on peut justifier successivement deux choix opposés : pourquoi l'orientation de défiance à l'égard de l'image, présente dès les débuts de l'aventure islamique, n'a-t-elle pas été fondamentalement remise en cause depuis lors ? Assurément il faut préciser les contours de cette défiance. L'acte initial est rapporté par la tradition, qui montre Mahomet détruisant trois cent soixante idoles dans la Kaaba de La Mecque. Le seul texte du Coran clair sur le sujet conseille de même fortement de se détacher des idoles en trois dimensions (*asnam*). À partir de là, c'est affaire d'interprétation, de siècle en siècle. La variante chiite admet la représentation humaine. La principale autorité chiite d'Irak au XXIe siècle, l'ayatollah Sistani, a pu, par exemple, aller jusqu'à admettre, sous certaines conditions, la représentation du Prophète. L'occidentalisation des sociétés musulmanes s'est faite directement sous l'effet de la colonisation, et, de manière plus indirecte — et sans doute plus profonde —, sous celui de l'hégémonie culturelle du même Occident depuis, a contrario, le mouvement d'émancipation nationale de la seconde moitié du XXe siècle. Elle a, entre autres, entraîné l'apparition — toujours fragile et discutée mais indéniable — dans les sociétés musulmanes de multiples formes de productions iconiques : dessin de presse, photographie, cinéma, télévision... Et la planète entière est conviée périodiquement à constater à quel point Daech est un producteur audiovisuel conscient et organisé. Demeure, en plein XXIe siècle, une double réalité tangible : le refus islamique de la représentation de Dieu — admise, en revanche, chez les catholiques et les orthodoxes, beaucoup moins chez les protestants, restés en cela proches du judaïsme — et, chez la plupart des musulmans, de celle du Prophète, de la figure humaine et de la figure animale. Reste à préciser dans quel espace : le temple seul ? l'espace public ? tous les espaces ?

Si on se centre sur la dimension théologique de la question, on devrait noter que le judaïsme est la religion qui aura poussé le plus loin la sacralisation de la divinité, puisque au refus de la représentation s'est même ajouté celui de la simple prononciation de son nom — point auquel l'islam organisé ne parviendra jamais. Si on considère la dimension politique, on note de même que dans l'espace du temple le respect de tous les tabous est envisageable pour une société régie par les principes libéraux, dès lors que ledit respect ne contrevient pas aux lois générales à visée civile (« droits de l'homme »). La difficulté commence hors de cet espace non plus public mais privé. Or dès les premiers temps où peut se déployer un « art musulman » — en particulier sous les Omeyyades —, une distinction est clairement faite entre l'espace du temple — dans les mosquées omeyyades aucune représentation divine, humaine ni animale n'est admise — et l'espace civil — ces représentations sont possibles, par exemple, dans le palais du calife. Le premier art musulman produit donc des fresques figuratives et des reliefs à personnages. On voit donc où se situe l'équilibre islamique originel : il n'est pas aniconique.

L'islamisme moderne, projet politique, fait, lui, un double

choix : totalitaire et radical. Totalitaire dans l'étendue de la société, radical dans l'étendue des formes concernées. Les deux notions ne sont pas nécessairement liées l'une à l'autre. On peut imaginer un système totalitaire qui, sur le terrain de la représentation, laisse libre cours au culte des images — les régimes fascistes et bolcheviques, nés en terre de culture chrétienne, en ont largement administré la preuve. On peut imaginer, à l'inverse, un système iconoclaste non totalitaire — c'est la situation de l'islam en pays chrétien. Il n'y a un « problème » de l'iconoclasme musulman que politique : certains de ceux qui le promeuvent entendent soumettre l'ensemble de la société à leurs principes. Daech n'est pas une école religieuse, c'est un projet de société, cristallisé dans un État en construction, le Califat, et ce projet est totalitaire. Le concept de totalitarisme, forgé par la pensée libérale en lutte contre le fascisme et le bolchevisme, est recevable puisqu'il permet de mieux penser la différence entre un régime autoritaire — concentration du pouvoir, limitation stricte du débat politique — et un régime de plus d'ambition qui vise, dans l'espace, à absorber le réel dans le vrai, porté par une organisation centrale omniprésente *parce que* omnisciente, et, dans le temps, à forger un homme nouveau, du berceau au tombeau.

Quant à la dimension radicale, elle est certainement, dans le cas de Daech, homologique de sa radicalité politique, mais on ne saurait oublier qu'elle est intrinsèquement liée, au-delà de cette forme transitoire, à tous les choix intransigeants depuis — sans remonter plus loin que la source des mouvements actuels — la fondation du wahhabisme. La conquête, en 1924, des lieux saints par Ibn Saoud, moment décisif de la fortune dynastique — lié, notons-le, à l'abolition du califat par Mustafa Kemal —, a ouvert la voie à une longue série de destructions systématiques, destinées à effacer toute trace d'une religion populaire, jugée idolâtre. À voir ce qui a pu se passer à La Mecque même, où des dizaines de monuments (lieux de mémoire) ont été systématiquement détruits, on comprend mieux la logique qui a présidé, près d'un siècle plus tard, à la destruction par Daech en Irak-Levant ou par Ansar Dine au Mali de ces lieux de dévotion populaire (dite «superstition») qui ont fleuri depuis le début de l'hégire à travers le monde musulman, en particulier tous ces tombeaux d'hommes saints (*wali*) chers à tant de fidèles. On comprend mieux aussi que les plus nombreuses victimes de cet iconoclasme — et de loin — sont d'autres musulmans, jugés soit trop modérés, voire compromis avec les infidèles, soit hérétiques.

L'aboutissement de cette logique déborde le cas du radicalisme islamique. D'un côté, du point de vue théologique, on peut se demander — certains intellectuels musulmans le font, mais peu de fidèles — pourquoi le tabou de la représentation de Dieu devrait s'étendre à son Prophète, qui, après tout ou, plutôt, avant tout, n'est pas Dieu. De l'autre, du point de vue politique, il importe de garder à l'esprit que la question ne se situe pas au niveau des groupes terroristes de l'islamisme radical, animés par l'idée de djihad, ceux-là qui, à partir de 2014, ont détruit les vestiges de Nimroud (païens), l'église verte de Tikrit (infidèles) ou la mosquée de Jonas à Mossoul (hérétiques). Il se situe à l'échelle des sociétés musulmanes du même XXIe siècle, des milliers de manifestants scandalisés par les caricatures danoises ou françaises et qui, ne se limitant pas à des protestations verbales, ont autodafé des objets impies, agressé des êtres humains, appelé au meurtre de certains autres et, pour finir, ont exprimé une compréhension devant les assassinats de Janvier 15, sur le thème «Qui sème le vent, récolte la tempête». L'étendue de cette scandalisation pose une question. Celle de la solidarité profonde de toutes les religions — et, cette fois, qu'elles soient polythéistes ou monothéistes — face à cette notion étrangère à une société qui fonctionnerait de manière explicite sur des valeurs laïques : le blasphème, compris ici comme insulte au sacré, accompagné en flanc-garde par le sacrilège, compris comme son homologue physique, profanation d'objets dotés des mêmes qualités.

Le blasphème est puni de mort dans la société hébraïque (*Lévitique*, XXIV, 16). L'Évangile chrétien est en apparence beaucoup plus indulgent. Il est frappant, en particulier, de voir que le seul moment où le *blasphêmia* est montré de manière activement négative, c'est dans la bouche des persécuteurs du Christ, qui, à l'issue de sa comparution devant le Sanhédrin, le condamnent à mort. Il n'est peut-être pas sans importance de rappeler que si la mise à mort de Jésus est une décision romaine, elle est prise à partir d'une incrimination religieuse juive — un « droit local » — ayant pour base le blasphème[1]. Les dessinateurs de *Charlie* sont en bonne compagnie.

Devenu religion officielle, le christianisme mettra ses pas dans ceux du *Deutéronome*. Blasphémateurs des dieux sémitiques traditionnels, les fondateurs de l'islam instaurent à leur tour un espace de sacralité intransgressible. L'installation progressive de la nouvelle religion, pourtant au départ nettement plus tolérante que la religion chrétienne, se traduira par l'instauration d'une législation tout aussi stricte à l'égard de ceux qui insulteraient Dieu, son Prophète ou le Coran, qu'ils soient musulmans ou non. Et ainsi de

1. « Alors le Grand Prêtre déchira ses vêtements et dit : "Il a blasphémé ! Qu'avons nous encore besoin de témoins ? Nous venons d'entendre le blasphème." » (Matthieu, XXVI, 65, traduction TOB). Paroles analogues chez Marc et Luc.

suite : pour ne citer que cet exemple, Luther qualifiera Mahomet de « blasphémateur » pour avoir nié la divinité du Christ, et par voie de conséquence appellera à « attaquer le Coran » avec cette arme — le blasphème — comme « pièce d'artillerie[1] ». Au XXIe siècle encore le pape François, dans sa première déclaration après les attentats de *Charlie*, se joint à toutes les voix autorisées, qu'elles soient juives, catholiques, protestantes, orthodoxes ou musulmanes, qui, pour reprendre ses termes, s'inquiètent, voire condamnent sévèrement ceux qui vont « insulter la foi d'autrui ».

3

Ce consensus des religions dans la lutte contre le blasphème ne sera cassé que par l'esprit des Lumières. La transition est assurée par une pointe avancée de la pensée protestante, plus soucieuse de liberté de pensée que de rigueur biblique. C'est ainsi Pierre Bayle qui, parmi les tout premiers, pose que « le blasphème n'est scandaleux qu'aux yeux de celui qui vénère la réalité blasphémée ». La lutte contre l'incrimination du blasphème figure parmi les premières luttes des libéraux — telle celle de Voltaire en faveur du chevalier de La Barre, torturé et exécuté à Abbeville en 1766 comme « impie, blasphémateur et sacrilège ». La Révolution française fera disparaître le blasphème du domaine de la loi, ce qui équivaut à une disparition de Dieu comme législateur suprême. Pour ceux qui s'intéresseraient à l'utile question de savoir à quelle date exactement « Dieu est mort », suggérons donc celle du 26 août 1789, quand

1. Martin Luther, « Epistel von den Türken Religion », *Sämtliche Werke*, p. 253-254.

a été solennellement proclamée la Déclaration des droits de l'homme, posant la liberté religieuse sans contrepartie, et proposons comme date d'enterrement le 15 décembre 1791, quand a été voté le premier amendement à la Constitution américaine : « *Congress shall make no law respecting an establishment of religion.* » Le volontarisme réactionnaire du dernier roi de France se mesure à sa tentative pour ressusciter l'incrimination du sacrilège, tentative sans lendemain, la loi votée en ce sens en 1825 ayant été promptement abolie par le régime issu de la révolution qui le renversera. En droit ou en fait, le XXe siècle occidental poursuivra dans cette voie. Au début du XXIe, le philosophe Ruwen Ogien pouvait donner son fondement théorique à cette démarche en distinguant trois catégories de « torts » supposés dont la modernité ne tenait plus compte, là où l'ancien régime culturel pouvait les réprimer : dirigés contre soi-même (tel le suicide), entre adultes consentants (tel le sadomasochisme), enfin tournés vers des entités abstraites (tel Dieu)[1].

A contrario, l'hypothétique renaissance de Dieu est devenue une question d'une actualité non pas brûlante mais sanglante le 19 février 1989, quand le Guide suprême de la république iranienne, Rouhollah Khomeyni, a émis une fatwa — toujours valide — appelant à l'assassinat de Salman Rushdie après la publication des *Versets sataniques*. On voit que cette décision refondatrice portait non sur des images mais sur un texte. On notera aussi qu'elle vient d'un pays qui, par ailleurs, tolère la représentation humaine — à commencer par celle du Guide suprême et des grands imams de la République, omniprésents sur les murs des

1. On renverra ici à toute la partie de l'œuvre de ce grand philosophe qui porte sur la philosophie morale. Citons, par exemple, parus la même année 2007, *L'éthique aujourd'hui* (Paris, Gallimard) et *La liberté d'offenser* (Paris, La Musardine). On aura noté les noms des deux maisons d'édition.

cités iraniennes. La représentation imagée du Prophète serait-elle même admise par le clergé chiite et par les plus hautes instances de l'islam sunnite, demeurerait donc celle, plus large et plus contraignante, du blasphème.

Les textes qui fondent la vie politique des « nations unies » posent la liberté de croyance (Déclaration universelle des droits de l'homme, articles 18 et 19). Le blasphème devrait donc, en bonne logique, disparaître de toutes les législations. Il ne resterait alors que l'injure faite non à une divinité — entité qu'un État libéral, qu'il soit laïque ou non, ne peut reconnaître, laissant cette question à la conscience de chaque individu — mais à l'adepte de quelque religion que ce soit. Et cette individualisation de la croyance conduit à traiter ladite injure devant les tribunaux. Où l'on rejoint la conclusion du chapitre précédent, en ce qui concerne le cas *Charlie*. Où l'on rejoint, tout simplement, l'étymologie grecque — polythéiste — du blasphème, qu'on peut traduire par diffamation, d'homme à homme comme d'homme à dieu. Rappelons que le droit français ignore de fait l'insulte et ne veut connaître que l'injure — offense sans imputation particulière —, la diffamation — offense avec imputation — et l'outrage — à personne publique. Ajoutons que, plus généralement, dans les droits libéraux, offenses, insultes, injures, outrages ou diffamations — s'ils sont reconnus — restent des délits, non des crimes.

L'Organisation de la coopération islamique (OCI), organisation intergouvernementale, a longtemps proposé la reconnaissance par l'ONU du blasphème général, rebaptisé « diffamation des religions ». Elle a adopté en 1990 une « Déclaration des droits de l'homme en islam » qui par sa seule existence est en contradiction avec la Déclaration universelle desdits droits et soumet celle-ci à une autorité juridique supérieure, la « charia islamique ». Notons bien qu'on ne saurait mesurer l'écart existant au cœur du XXIe siècle entre cette conception du politique et celle des sociétés libérales à ce que de telles décisions aient été prises. L'écart se mesure ailleurs : dans le fait que seul l'islam a suscité la création d'une telle organisation, réunissant — c'est capital — non des institutions confessionnelles mais cinquante-sept États à travers le monde. Ainsi la Déclaration des droits de l'homme en islam a-t-elle fait l'objet d'une ratification officielle par les cinquante-sept États en question. Il n'existe pas, par exemple, d'Organisation intergouvernementale de la coopération chrétienne, seulement des Églises chrétiennes, ayant comme l'OCI représentation auprès des Nations unies. C'est à des indices de cet ordre qu'on mesure l'éloignement de la plupart des sociétés de culture musulmane de tout « état laïque », et qu'on vérifie, accessoirement, que les sciences sociales peuvent être expérimentales : deux propositions qui auraient été inaudibles à la fin du XXe siècle mais qu'on entendra peut-être mieux aujourd'hui, une fois le sang versé.

Quatre mois avant les attentats contre *Charlie*, la fondation iranienne qui, fidèle à la fatwa de 1989, proposait jusque-là deux millions huit cent mille dollars à qui assassinerait Salman Rushdie a augmenté son chiffre de cinq cent mille unités.

4
Religion (Guerre de)

Les attentats de janvier sont intervenus au sommet d'une courbe faisant du «retour du religieux» et de son application individuelle, le «retour au religieux», un constat indéniable, qu'on s'en inquiète ou qu'on l'applaudisse, citation apocryphe d'André Malraux à l'appui[1]. Soutenue erratiquement et sans grand écho par des personnalités de culture chrétienne à l'époque de la guerre froide, la thèse a changé de signification à partir de la révolution iranienne de 1979, moins parce qu'elle établissait en plein XXe siècle une expérience «théocratique» dont les tenants et les aboutissants passaient jusque-là pour appartenir au passé, que parce qu'il s'agissait du premier événement allant à contre-courant de la lecture posant la modernité politique sur modèle occidental comme le sens unique de l'Histoire. Jusqu'à 1979, les pays du tiers-monde se voyaient reconnaître par l'Occident, qu'il fût conservateur, libéral ou progressiste, le choix entre trois solutions toutes occidentocentrées: la «révolution blanche» (modèle Mohammad

1. L'écrivain n'a jamais écrit «Le XXIe siècle sera religieux ou ne sera pas», ni une phrase approchante. Il a, dans un entretien, nié même l'avoir prononcée. Au reste, ici peu importe.

Reza Chah), le nationalisme socialisant (modèle Soekarno), le communisme (modèle Castro). Toute l'histoire du temps ouvert par la victoire de Khomeyni et dans lequel nous vivons encore peut se résumer sur ce plan à l'effondrement successif de ces trois solutions. Rien de plus significatif, à cet égard, que l'évolution du mouvement national palestinien, mené jusque dans les années 2000 par des groupes laïques socialisants, regroupés tant bien que mal au sein de l'OLP, passés peu à peu sur la défensive face à l'émergence du Hamas, créé en 1987, vainqueur des élections législatives de 2006 et hégémonique à Gaza depuis 2007. La liquidation, par les Occidentaux, des trois régimes laïques (irakien, libyen et syrien), au reste en voie de recentrage religieux in extremis, n'a fait que parachever cette évolution.

1

Après divers incidents gravitant autour de l'Iran dans la décennie 1980 et la prise du pouvoir par les talibans dans les années 1990, les attentats du 11-septembre ont renforcé l'audience et la légitimité intellectuelle de la théorie doublant la thématique du «retour au religieux» de celle de «guerre de religion». Le caractère polémique — dans tous les sens du mot — de cette théorie tire argument de la tendance de plus en plus nettement anti-occidentale et antijuive d'une stratégie par ailleurs de plus en plus nettement terroriste et du soutien que paraît lui apporter une population de culture musulmane elle-même chaque jour plus visible en quantité (mouvements migratoires Sud-Nord) comme en qualité (réappropriation de signes ostensibles d'appartenance religieuse). Si même au lendemain du 11-septembre la thèse du «choc des civilisations», formulée par Samuel Huntington à partir de 1993, était loin de faire consensus dans les milieux politiques et intellectuels, l'évolution géopolitique générale ultérieure en a plutôt fait une prophétie autoréalisatrice, les acteurs les plus remarquables sur ce terrain (le couple Ben Laden-George Bush, par exemple, pendant la séquence 2001-2009) en partageant les prémisses. L'axe historique 2005-2015, édifié autour des « caricatures de Mahomet », a été en quelque sorte la clé de voûte de cette construction théorique du « retour ». Parmi les premiers textes d'historiens écrits sous le coup de Janvier 15 figure une relecture prise en charge par deux spécialistes du « fait religieux » au début des Temps modernes, Denis Crouzet et Jean-Marie Le Gall[1]. Celle-ci n'est pas contradictoire avec une « lecture profane »[2] de ce cycle, à travers la mise à jour de certains des biais de ladite théorie.

Le premier biais est occidental. Il réside tout entier dans une sous-estimation, de droite comme de gauche, de la présence maintenue du religieux traditionnel au sein des sociétés non occidentales. D'un côté la modernisation par le haut, dans la ligne du « despotisme éclairé » chère aux philosophes du XVIIIe siècle, s'est révélée a posteriori beaucoup plus superficielle que les élites occidentales, s'y regardant comme dans un miroir, ne voulaient le voir. La caricature de cette myopie concerne le lieu originel du cycle, quand au long de la décennie 1970 une analyse — réunissant communistes, progressistes, libéraux et conservateurs anti-

1. Denis Crouzet, Jean-Marie Le Gall, *Au péril des guerres de religion*, Paris, PUF, avril 2015.

2. On reprend ici, dans une acception plus large, la formulation du Libanais Georges Corm, que ses origines chrétiennes conduisent à adopter un tel paradigme (*Pour une lecture profane des conflits : sur le "retour du religieux" dans les conflits contemporains du Moyen-Orient*, Paris, La Découverte, coll. « Cahiers libres », 2012).

communistes — de la situation iranienne mettait en avant l'affrontement du Chah et des démocrates de gauche — sur le modèle ancien de l'affaire Mossadegh —, voire les possibilités d'une subversion communiste actionnée par l'URSS et, pour finir, n'accordait aucune solidité à un régime de mollahs, surtout s'il était, sur ces entrefaites, attaqué par un autre despote éclairé, Saddam Hussein, soutenu par l'Occident.

Dans le même temps l'analyse occidentale finissait par découvrir l'échec social du modèle arabe laïque. La vaste configuration des Frères musulmans, famille originelle du Hamas comme du Front islamique du salut (FIS) algérien, voire — ce qui est moins connu — de l'islamisme iranien, a toujours fleuri sur l'incapacité des régimes baasistes, nassériens ou assimilés à mettre en œuvre de manière durable le programme socialisant qu'ils affichaient. Et tout fut dit quand on vit comment évoluait, à partir des premières années du XXIe siècle, le centre de gravité politique du pays d'où, dans les années 1920, était parti le modèle moderniste autoritaire, à savoir la Turquie. À ce stade, il importe de préciser que le nouveau drame qui se mettait en scène tenait moins encore au caractère supposément néoreligieux des forces politiques montantes qu'à la difficulté des élites occidentales à assumer intellectuellement cette nouvelle conjoncture. Peu commenté à l'époque en métropole, le silence de ces élites devant ce qui fut souvent qualifié, euphémistiquement, d'« interruption du processus électoral » dans l'Algérie de 1992, au motif que, mené jusqu'au bout, il aurait conduit à une prise du pouvoir légale des islamistes, ne pouvait que radicaliser ces derniers, désormais convaincus que les « démocrates » ne les laisseraient jamais accéder au pouvoir par les voies légales et pacifiques.

À l'horizontalité du raisonnement par la guerre de religion il peut donc être utile de substituer un raisonnement plus vertical, prenant en considération les enjeux — et, d'abord, les intérêts — des sociétés. Toutes choses égales par ailleurs, Shapour Bakhtiar s'est retrouvé placé dans une situation analogue aux libéraux et démocrates russes de 1917, capables de renverser le tsar mais incapables de se rallier les groupes déterminants de la société, le pouvoir étant alors confisqué par une organisation mieux à même d'apporter une réponse à la fois rapide et radicale — donc doublement efficace dans ce premier temps qui permet la conquête du pouvoir — à la «demande sociale»: le parti bolchevique. Cette incapacité était due dans les deux cas au laminage continu des solutions libérales-démocrates par la monarchie autoritaire: la victoire de Lénine et celle de Khomeyni étaient inscrites dans l'écrasement du mouvement de 1905 et la liquidation de Mossadegh. D'où il ressort que la question centrale n'est pas religieuse mais politique et que l'acteur primordial, en 1917 comme en 1979, n'est pas le clergé (le parti) mais la société.

Partons donc d'un principe simple et de bon goût: la société a toujours raison. Derrière cette tautologie se cache sans doute la clé de tous les succès politiques durables. La fable iranienne est des plus claires à cet égard: comme l'ont montré Youssef Courbage et Emmanuel Todd, prenant le contre-pied d'Huntington et prophétisant, eux, *Le rendez-vous des civilisations*[1], une révolution plus radicale que tous les radicalismes est en train de s'opérer dans le secret de l'intimité des sociétés islamiques: la «transition démographique», qui fait qu'en 2012 une femme iranienne,

1. Youssef Courbage, Emmanuel Todd, *Le rendez-vous des civilisations*, Paris, Le Seuil, 2e édition 2011.

toujours voilée mais de plus en plus citadine et diplômée, ne met plus au monde que 1,92 enfant — moins qu'une Française —, cette chute du taux de fécondité étant à la fois cause et conséquence d'une accélération de la scolarisation générale mais surtout de celle des filles, partie de plus bas.

Le processus d'occidentalisation est donc peut-être moins en panne que ne le rêvent certains ou que ne le craignent leurs antagonistes. Là où une situation de guerre ne perturbe pas ces évolutions qui sont toujours de moyenne ou de longue durée — au reste, elles peuvent les perturber en les accélérant —, les progrès (terme ici neutre : on y affectera le jugement de valeur qu'on veut) de l'individualisme libéral sont notables. On peut ainsi voir dans le déclin du catholicisme en Amérique latine au profit des multiples formes de l'évangélisme un indice supplémentaire de cette tendance, combinée à une réponse populiste analogue à celle des Frères musulmans : les petites communautés évangéliques se substituent à une Église catholique centralisée et jugée trop « établie » pour répondre aux formes modernes du désarroi social.

Au Guatemala comme en Turquie ces formes modernes s'appellent exode rural, déclassement, chômage, éclatement de la famille traditionnelle, émancipation féminine, libération des mœurs. Elles provoquent aussi bien l'éloignement que le rapprochement à l'égard des institutions religieuses établies, suivant les conjonctures, les rapports de forces, les personnalités — et, de ce fait, peuvent être vécues successivement par le même individu, peu à peu mué, ici comme précédemment en Occident, en calculateur rationnel, aux fidélités idéologiques de plus en plus labiles. Il se trouve simplement que le choix religieux est, par définition, plus visible puisqu'il est toujours, si peu que ce soit, choix d'un collectif.

2

Mais c'est ce choix qui permet, plus profondément, d'interroger dans la foulée la source historique de ce fameux «religieux» qu'on proclame, qu'on dénonce ou qu'on analyse, souvent dans une grande ambiguïté qui tient à la captation monothéiste de la notion. Parler, face au christianisme puis à l'islam, de «religions païennes», a fortiori d'un «paganisme» n'a d'autre sens que celui d'une mise à distance dogmatique. Le païen est, étymologiquement, un paysan: face à lui le chrétien se pose en porteur d'une bonne nouvelle qui renverse les faux dieux, qui sont aussi les vieux dieux. Le païen est moins dans l'erreur que dans le passé. Mettre en avant l'«animisme» ou le «polythéisme» est déjà plus précis mais demeure un regard extérieur et intellectualisant. Tel qu'il sort tout armé de la grande rupture accoucheuse de la modernité politique, économique, sociale et culturelle[1] du XVIe siècle — temps, en effet, de «guerres de religion» —, le concept rabat le religieux sur le doctrinal. On est très loin de tout cela dans l'origine romaine de la *religio*, qu'on ne peut traduire mieux que comme observance scrupuleuse des règles. Il n'y a pas de piété, rien que des preuves de piété. Elle se manifeste à travers un ensemble de rites qui symbolisent — au sens strict du mot, le *symbolon* est un signe de reconnaissance — l'identité du groupe. Il en découle qu'il y a à ce stade autant de «religions» que de communautés politiques, du peuple

1. C'est la thèse avancée en son temps par Max Weber, révolution copernicienne qui pose le religieux à la base de l'économique, et non l'inverse. Thèse discutée, que l'historiographie récente a plutôt confirmée que contredite, au contraire de ce que pronostiquait Fernand Braudel.

baruya à la cité romaine, en passant par le monothéisme juif, qui n'est que la forme religieuse (disons donc rituelle) du particularisme hébreu. Dans un tel univers mental, la distinction entre religion et politique est absurde, et tout choix dit religieux est un choix politique. Ainsi la *religio* païenne n'est-elle pas «tolérante», concept anachronique: elle est simplement politique. Les dieux d'un peuple asservi sont asservis, les dieux d'un peuple exterminé sont exterminés, mais le cas est rare: le plus souvent c'est le métissage qui l'emporte puisque tout ce qui importe est non pas la croyance mais la pratique, non pas le dogme mais le rite[1].

La révolution chrétienne — la plupart des révolutions de l'histoire humaine sont, pour les raisons évoquées ci-dessus, de nature «religieuse» — en est une par son choix universaliste, issu de la prédication de Paul («homme nouveau» issu de l'ancien Saül). Cette prédication l'emporte facilement sur l'hypothèse judéo-chrétienne, défendue face à lui par Pierre, et qui accompagne le Second Temple dans sa chute. Elle est d'autant plus entendue qu'elle correspond au sens profond de la citoyenneté romaine, mais elle est d'autant plus problématique — et, ici et là, persécutée — qu'elle casse un système multiséculaire en refusant de célébrer les rites de la religion civile romaine — ce que les élites juives hellénisées ne feront pas, jouant par exemple la carte de Jules César puis celle d'Auguste, avant de finir submergées par les radicaux de l'intégrisme zélote.

Fondée sur des bases juives, la religion de Paul manifestera son «intolérance» en deux temps: en mettant à l'écart ce qu'il restait de communautés juives, comme témoignage

1. Pour ne prendre que cet exemple, on renverra aux travaux très éclairants de John Scheid, titulaire au Collège de France depuis 2001 de la chaire «Religion, institutions et société de la Rome antique». On aura noté les trois termes de la définition de ce champ académique.

d'un aveuglement paradoxal à l'égard de la Révélation (la «synagogue aux yeux bandés» des églises chrétiennes), et en persécutant immédiatement (le «décret de Théodose» date de 392) les païens: destructions ou réaffectations de temples, pogroms, interdictions diverses... L'Église chrétienne, victorieuse socialement, paiera cette victoire d'un risque permanent de mise sous tutelle par l'autorité civile, tentée, elle, d'intervenir dans les débats doctrinaux — tentation perceptible déjà chez Constantin lui-même — ou, à tout le moins, dans l'organisation ecclésiastique. L'islam, sans doute parce qu'il est l'héritier politique d'un système tribal, fera preuve de plus de pragmatisme que le christianisme, héritier, lui, d'un empire. Aussi sévère à l'égard du païen, il accordera au chrétien un statut au fond pas si éloigné de celui que le chrétien accorde au juif. La «dhimmitude», ce statut d'égaré toléré au nom du Livre commun, n'en est pas moins un assujettissement, que des pulsions radicales peuvent transformer périodiquement en persécution.

Car si la logique du monothéisme universaliste n'exclut pas l'apparition en son sein de tendances libérales, elle exclut encore moins la crispation intransigeante. Celle-ci a tendance à l'emporter à l'issue de chaque crise grave parce qu'elle correspond aux deux dimensions du monothéisme universaliste: en tant qu'universalisme il absorbe d'autant plus qu'il accueille, en tant que monothéisme il contraint d'autant plus qu'il simplifie. L'islamisme radical est radicalement universaliste — et c'est bien l'une de ses dimensions les plus troublantes pour toute une pensée de gauche élevée dans l'assimilation de l'universel au Bien et du particularisme au Mal. Les talibans d'Afghanistan, les militants de Daech entendent transcender les frontières. Le projet du Califat est mondial, tout comme l'était l'*Union des républiques socialistes soviétiques*, dont on n'a pas toujours saisi la grande nouveauté, à savoir que la formule ne se référait à aucun territoire en particulier, la planète entière pouvant devenir un beau jour une telle Union. L'islamisme radical est radicalement monothéiste quand il prend pour drapeau un simple support à sourate, quand il casse les idoles et détruit les tombeaux des saints, mais aussi quand il met en avant l'interprétation armée du djihad. Assurément, les islamologues pourront noter que si dans les textes fondateurs ce mot connote la lutte, c'est plutôt au sens d'un effort exigeant de perfectionnement. Reste que pointer une éventuelle infidélité ou extrapolation par rapport aux textes sacrés est sans signification ici : il suffit que l'islamiste radical du XXIe siècle ait intégré l'acception la plus belliqueuse de la lutte en question pour que le concept soit opératoire.

3

Monothéiste, universaliste, en un mot « utopique ». Accablée par le marxisme qui voulut construire en face d'un « socialisme utopique » le « socialisme scientifique » — ce fut son utopie —, réhabilitée par le gauchisme du XXe siècle, d'André Breton à Guy Debord, cette notion a révélé, à l'analyse, le côté obscur de sa force, ce qu'avait bien pressenti Simon Leys qui, après avoir consacré l'essentiel de ses efforts à déconstruire le mythe maoïste, avait étudié un épisode de folie utopique classique, situé au XVIIe siècle[1]. Depuis lors, les études d'expériences utopiques réelles n'ont fait que confirmer la part considérable en leur sein

1. *Les naufragés du Batavia*, Paris, Arléa, 2003.

de la contrainte et du conformisme. Le radicalisme musulman du XXIe siècle présente d'évidentes analogies avec la longue généalogie des mouvements utopiques (dans l'espace) et millénaristes (dans le temps) du monde chrétien, analogie que pointent au printemps 2015 Denis Crouzet et Jean-Marie Le Gall quand, cherchant à comprendre Daech, ils consacrent plusieurs pages à résumer l'épisode de la monarchie eschatologique de Münster sous la férule anabaptiste (1534-1535). Mais ici aussi le vêtement «religieux» est trompeur: on peut tout autant rapporter l'expérience de l'État islamique en Irak et au Levant à celle, par exemple, des Khmers rouges. La spécificité de l'utopie à connotation religieuse tiendrait surtout — et paradoxalement — à sa capacité à inventer de toutes pièces une tradition identifiée à un état originel, idéal et qu'on cherche, une fois reconstitué, à rendre intangible — rappelons que, tout au contraire, le mot «tradition» signifie «transmission», donc dynamisme. Ce cas achevé d'«invention de la tradition»[1] est le point commun de toute la filiation salafiste, dont le nom dit bien qu'il s'agit de retrouver la pureté de la religion des «ancêtres» (*salaf*) mais dont l'extension ne remonte pas plus loin qu'à la lutte des musulmans afghans contre l'Union soviétique. Le comble du paradoxe est que si le noyau initial du salafisme est à chercher dans ce mouvement rigoriste dénommé wahhabisme, apparu au XVIIIe siècle au cœur des oasis du Nejd — ce qu'on pourrait imaginer de plus éloigné de toute occidentalisation, une bonne partie de l'islam étant rejetée par ses adeptes comme déjà contaminée par les infidèles —, le pouvoir dont il dispose aujourd'hui est entièrement lié

1. Eric Hobsbawm, Terence Ranger, *L'invention de la tradition*, Éditions Amsterdam, 2006, pour la traduction française.

au choix fait par Ibn Saoud en 1945 de laisser gérer ses hydrocarbures par les États-Unis : cette monarchie profondément traditionaliste, créée en 1932 sur la base d'une victoire qui ne remonte pas plus loin que 1924, est la plus récente du monde.

Le mot « utopie » n'est pas né au XVIe siècle par hasard. Que l'image historiographique du XVIe siècle associe Renaissance, humanisme et guerres de religion indique assez clairement que des mouvements contradictoires peuvent soulever les mêmes sociétés et que la poursuite d'une réflexion d'où naîtra toute une pensée de la liberté est contemporaine d'un déchaînement de violences intercommunautaires restées légendaires (la Saint-Barthélemy). C'est ce que voudra voir le libéral. Mais le radical, lui, notera avec intérêt que, plus haut dans le temps, l'issue de la confrontation entre chrétiens et païens sous le Bas-Empire s'est terminée par la victoire non seulement des « intolérants » chrétiens, mais par celle de l'intolérance elle-même, le paganisme lui-même, aux abois, choisissant parfois des solutions autoritaires, par une crispation d'organisme menacé de mort — et qui, au reste, en meurt. En d'autres termes, il n'est écrit nulle part que l'avenir des sociétés humaines soit « nécessairement » tolérant, libéral et humaniste.

5
Terrorisme

L'Occidental standard de 2015, soit que ces préoccupations lui paraissent appartenir à un autre temps, soit qu'il ait une acception irénique du religieux, est plus troublé par le dernier terme de la formule «guerre de religion». Il en oublierait presque le premier, d'autant plus qu'il a à sa disposition un autre instrument d'analyse — et, parfois, d'obscurcissement: le «terrorisme». Contre l'intuition sensible qui en fait d'abord un acte de violence — définition insuffisante, qui la confondrait avec l'agression ou le meurtre —, la guerre est fondamentalement un acte de société et, par là, une notion juridique — il y a une loi, un droit, dans toute société humaine, fût-elle «pré-historique». Définissons-la comme la rupture organisée d'un ordre, lui-même par définition organisé. La guerre ne se résume donc pas à la poursuite de la politique par d'autres moyens. Cette formule clausewitzienne flatte la fierté des civils, partant des intellectuels. Elle fait donc prime sur le marché de la pensée. Mais elle pourrait tout aussi bien être inversée. La guerre serait alors la politique par excellence et la politique deviendrait la forme «civilisée» de la guerre, entendons par là un rapport de forces régi par les règles civiles. Demeure la modernité de la formule: elle parle de politique, elle met en vedette les «autres moyens» et, au fond, sa notion clé est sans doute celle de «continuation» ou, pour être exact, de «simple continuation» (*bloße Fortsetzung*).

1

La guerre de religion serait-elle alors la simple continuation de la religion par d'autres moyens? On l'a vu: la proposition n'a pas de sens avant les religions universelles puisque la religion d'une communauté se confond avec sa politique. Elle n'en a guère plus dans l'espace-temps des régions du monde passées ensuite au monothéisme. L'universalisme chrétien ou musulman n'évite pas le recours à la violence collective armée entre dévots du même Livre, la règle de vie des individus comme des collectivités — qui, comme toute règle, souffre quelques exceptions, destinées à la confirmer — étant de faire passer leurs intérêts avant leurs principes, au point d'appeler principes leurs intérêts. C'est même cet universalisme qui rend possible la constitution progressive d'un État moderne, en ouvrant peu à peu un espace autonome au politique, sublimation des intérêts au sein d'une culture religieuse par ailleurs partagée. L'invention de la souveraineté populaire, quelque part entre la révolte des Provinces-Unies et les grandes déclarations de principes du XVIIIe siècle (« *We, the People...* »), promeut un acteur prépondérant de la guerre moderne: la nation. Jamais cependant la guerre de religion ne disparaît totalement de l'horizon intellectuel de l'humanité en voie de nationalisation. Elle soutient les guerres de conquête coloniale — et ici la religion est aussi bien celle des Lumières que celle du Christ, d'où, par exemple, l'alliance objective en France des anticléricaux de la IIIe République et des ordres religieux missionnaires — autant qu'elle structure les guerres civiles des XIXe et XXe siècles, qui, de l'Espagne de 1835 à celle de 1936, opposent généralement une «droite» et une «gauche», jusqu'à ce sommet de guerre civile mondiale que fut la guerre qui, commencée en Chine en 1937, s'acheva au Japon en 1945 et que les Occidentaux appellent communément Seconde Guerre mondiale.

On a déjà évoqué le diagnostic assez largement répandu qui fait du XXe siècle celui des guerres. On le fonde quantitativement sur l'ampleur des destructions, matérielles et humaines, qui s'y accumulèrent, qualitativement sur le violent contraste, au regard des contemporains, entre les représentations progressistes et iréniques du siècle commençant (l'Exposition universelle de Paris, pour ne citer qu'elle) et la suite des événements. En termes plus analytiques on l'argumente sur la forme spécifique de cette guerre du XXe siècle, mondiale dans l'espace géographique et totale dans l'espace social — au sens où elle implique les populations en profondeur, avant et arrière confondus. Mais il ne peut pas être reçu sans discussion. D'abord parce qu'il se construit, comme souvent, sur une idéalisation du passé. Rien n'est venu confirmer la thèse de sociétés humaines étrangères à la guerre avant l'institution d'un «État» (Pierre Clastres) — dont, au reste, on peine à préciser la définition par rapport à toute forme d'institution de la société, aussi vieille que l'hominisation[1]. Il est clair que le conflit armé est le mode de règlement normal (au sens où il pose la norme du fonctionnement social) des conflits entre communautés et que, dans les siècles passés, à l'échelle

1. L'état présent de la recherche chez les préhistoriens poserait seulement comme limite le passage à l'agriculture, donc à la sédentarisation : on remonte déjà loin. (Marylène Patou-Mathis, *Préhistoire de la violence et de la guerre*, Paris, Odile Jacob, 2013.)

des individus, les probabilités de soumission à la violence, à l'assujettissement voire à l'extermination n'étaient pas moindres qu'au XXe siècle, où des notions comme celles de «guerre froide», «paix armée» ou d'«équilibre de la terreur» signifient sans doute que la paix est «l'intervalle entre deux guerres» (Giraudoux) mais aussi qu'elle est désormais concentrée sur de courtes périodes intenses et perçue non plus comme un rituel, un mode heureux/malheureux de gestion des sociétés, mais comme une «catastrophe» (renversement de l'ordre des choses).

De ce point de vue, très occidental, le XXe siècle aura pourtant été, en durée de combats, le plus pacifique de tous. Depuis 1945 les guerres ouvertes ont été refoulées à la périphérie, à la fois géographique et sociale, de l'Occident, même dans les cas où elles finissaient par impliquer les jeunes soldats du contingent (guerre française d'Algérie, américaine du Viet Nâm, portugaise d'outre-mer). Et depuis la chute de l'empire soviétique, l'Occident peut se définir comme un monde sans guerre ouverte, aux guerres civiles (fermées, en quelque sorte) pour l'instant réduites à leur plus simple expression et dont la frontière pourrait, a contrario, se caractériser comme une longue zone de conflits encore ouverts ou prêts à se rouvrir — en Europe la zone en question va du Kosovo à l'Ukraine. On tiendrait là une définition de l'Occident qui vaudrait bien les autres : la fraction de la planète qui a réussi au XXe siècle à repousser la guerre sur ses confins.

Le reste du monde connaît encore d'innombrables guerres civiles et quelques conflits nationaux, parfois d'une extrême violence, surtout quand ils sont instrumentalisés par ledit Occident, comme le conflit ouvert qui pendant huit ans opposa l'Iran à l'Irak, reproduction à échelle régionale des conflits de haute densité façon 14-18 (plus d'un million de morts, dont les deux tiers de « martyrs » iraniens destinés à vivre longtemps dans la mémoire nationale après leur sacrifice). Les sociétés occidentales ont perdu le contact direct avec la guerre, dont le fardeau est supporté par les autres. C'est dans cette conjoncture de pacification centrale et de bellicité périphérique qu'intervient la configuration du « terrorisme ».

Le terrorisme fait partie des « autres moyens » de la définition clausewitzienne. C'est bien d'une démarche guerrière qu'il s'agit, une forme organisée de violence, mais recourant, en effet, à un moyen spécifique. Il n'est pas sans signification que la formulation ait émergé en politique dans le cadre de la première expérience radicale moderne, au sens où, au contraire des révolutions religieuses antérieures, du millénarisme médiéval à la République cromwellienne, la révolution radicale de 1793 se présente comme fondamentalement laïque. Le 5 septembre, la représentation nationale, sur rapport de l'éloquent Barère, inscrit par décret « la Terreur à l'ordre du jour ». Dans la pratique il s'agit d'aggraver la répression contre les ennemis du gouvernement, processus qui se traduira par plusieurs mesures aux effets sanglants, comme la loi dite « des suspects » du 17 septembre, et qui atteindra un sommet avec la justice expéditive instaurée par le décret du 22 prairial (10 juin 1794), un mois et demi avant la chute de Robespierre. Rien de commun, diront les historiens de la Révolution française, avec le terrorisme contemporain, qui n'est pas une initiative étatique. Si ce n'est le nom, la mise en scène, solennelle, et le ressort, cette *terror* latine qui, par ses racines indo-européennes, renvoie au *tremblement* du destinataire, donc à sa perte de maîtrise sur son propre corps, ce que la société jugera comme le comble de l'échec personnel. Mais c'est déjà beaucoup, d'autant plus que le terrorisme dans sa version 2010 — à la différence des versions 1890 ou 1970 — se caractérise par un double jeu entre initiative étatique et initiative groupusculaire puisqu'il réunit aussi bien un attentat commis en France qu'une exécution en série mise en scène en Irak-Syrie. Car, qu'il soit entre les mains d'un État, comme avec la république des comités, ou d'une organisation illégaliste précisément en lutte contre un État, comme avec les Brigades rouges, qu'est-ce que, fondamentalement, le terrorisme, dont les meilleurs experts s'épuisent vainement à chercher une définition juridique ou politique, sinon une mise en scène au service de la guerre civile ?

En tant que variété de guerre civile, il appartient à une grande famille multiséculaire, de celles qui laissent dans une communauté des traces beaucoup plus lentes à disparaître que la guerre étrangère. Le destin de grandes nations comme l'Allemagne, l'Espagne ou les États-Unis sera ainsi durablement marqué par ces noms redoutables que sont guerre de Trente Ans (*Dreißigjähriger Krieg*), Guerre Civile (*Guerra Civil*) ou guerre de Sécession (*Civil War*). C'est cette modalité de guerre-là qui confère au combattant un statut si particulier qu'il se traduit souvent par un nom spécifique, entre signe stigmatisant et titre honorifique : résistant, fellagha, fedayin, djihadiste… Son fantôme hante l'imaginaire des terroristes gauchistes (et en Italie néofascistes aussi) des années 1970 qui, pour la plupart, poursuivent consciemment une « stratégie de la tension ». On n'est pas très loin du concept, promu explicitement par les terroristes islamistes des années 2010, de la *fitna* (dissension dans la société visée). Mais la première particularité du terrorisme ne tient pas à son objectif ultime — la prise du pouvoir, toujours vécue comme reprise d'un pouvoir usurpé. Il tient à sa méthode, qui est toute dramaturgique.

Il n'y a pas de politique de la terreur sans affichage, scénographie, mise en espace des corps et des objets et, pour finir — ou pour commencer —, diffusion du tout. Les instruments varient, suivant les époques, les conjonctures et les capacités. À cet égard un sommet historique a été atteint au cœur de l'année 2015, le 4 juillet, avec la diffusion d'une vidéo de l'État islamique montrant l'exécution à bout portant de vingt-cinq soldats, apparemment de l'armée du régime Assad, par autant de bourreaux, tous ou la plupart jeunes adultes ou adolescents, sur la scène du théâtre antique de Palmyre, devant un public installé sur les gradins. Premier public, public d'avant-première, puisque le principal public visé est celui, beaucoup plus vaste, des internautes du monde entier. Quand la vidéo est diffusée, elle confirme par l'image et le son une information situant l'exécution vers le 25 mai. En d'autres termes, ce qui a compté ici c'est un peu l'acte initial, déjà mis en scène pour un destinataire local — l'acte meurtrier en public, dont la simple vue signe dans le sang de l'ennemi l'appartenance au groupe —, mais c'est aussi, et surtout, l'acte second qu'est sa transformation en « œuvre » audiovisuelle de dix minutes.

Faut-il conserver ses guillemets au mot ? Puisqu'il a pour objectif de susciter un certain état d'esprit par des moyens, au sens strict, spectaculaires, l'acte terroriste présente d'évidentes similarités avec la démarche artistique. Comme au théâtre — art dont on notera qu'il est théoriquement absent de la culture islamique traditionnelle, qui ainsi lui en substituerait d'autres —, des corps sont mis en scène, et cette mise en scène a un destinataire. La réponse à la question se trouve chez un auteur grec, de ceux que connaissaient certains des spectateurs du théâtre de Palmyre il y a deux mille ans : Aristote. « C'est à ce même traitement, dès lors, que doivent être nécessairement soumis à la fois ceux qui sont enclins à la pitié et ceux qui sont enclins à la terreur, et tous les autres qui, d'une façon générale, sont sous l'empire d'une émotion quelconque pour autant qu'il y a en chacun d'eux tendance à de telles émotions, et pour tous il se produit une certaine purgation et un allégement accompagné de plaisir[1].» «Terreur» est ici la traduction de *phobos*, dont les plus anciens usages repérés en grec désignent la panique qui saisit une armée en déroute, et dont la postérité «phobique» est innombrable. Cette catharsis, à la fois purgation et purification, est tout ce qui fait la différence, fondamentale, entre un «film d'action» et un *snuff movie*, entre *La malédiction*, œuvre culte des amateurs de films d'horreur, et la décapitation (au reste, semble-t-il, post-mortem), suivie d'un *selfie* mis en scène par Yassin Salhi, le 26 juin 2015, à l'usine Air Products de Saint-Quentin-Fallavier (Isère)[2].

Mais cette théâtralité n'épuise pas la caractérisation. La pertinence du terrorisme, depuis son entrée dans l'histoire de la modernité politique, tient aussi à son adaptabilité à une donnée capitale de cette modernité: l'individualisme. Assurément, le terroriste n'est pas seul. Pour reprendre une formulation biblique il peut se croire légion. Son choix est social en ce qu'il suppose la rencontre avec une série de médiateurs, ici de maîtres, là de pairs, qui vont l'armer intellectuellement — affaire d'idéologie — puis matériellement — affaire d'organisation. Il pourra se réclamer d'une

1. *La politique*, VIII, 7. On aura noté que ce texte capital n'est pas extrait de la *Poétique*.

2. Notons que c'est le mot que le dessinateur Luz, de *Charlie Hebdo*, auteur de la couverture du «numéro des survivants», mettra en titre de l'album qu'il publie au printemps 2015 (*Catharsis*, Futuropolis, 2015): sa purification consistera d'abord à recommencer à dessiner — puis à s'éloigner du journal.

affiliation, réelle, symbolique, voire fantasmatique. Reste que si le rapport parlementaire remis au Premier ministre[1] en juillet 2015 par le député Malek Boutih parle d'une «génération radicale» et d'un djihadisme qui peut devenir, à l'échelle de la jeunesse de certaines banlieues, «un phénomène de masse», si les volontaires qui, venant de l'extérieur, rejoignent l'État islamique de l'Irak et du Levant se chiffrent en 2015 par dizaines de milliers[2], le passage au radicalisme meurtrier demeure analysable en termes d'«individu djihadiste» — pour reprendre, cette fois, la formule d'un autre rapport parlementaire de 2015[3].

2

Encore faut-il suivre le rappel à l'ordre — ou au désordre — de Marcel Schwob, au début de ses *Vies imaginaires*: «La science historique nous laisse dans l'incertitude sur les individus.» Le postulat historien — et idéologique — suivant lequel l'individu n'existerait pas dans les temps reculés, noyé qu'il serait dans une société communautaire et «holiste», pourrait bien être fondé sur une illusion d'optique et d'évidentes lacunes de documentation. Mais notre époque peut comprendre mieux qu'aucune autre cette dimension, tout en semblant chaque fois la découvrir avec stupeur et tremblement. Et cette dimension peut se résumer en une formule: dans une société individualiste le

1. Ce rapport, très discuté, est intitulé «Génération radicale». Il porte sur l'«Analyse et la prévention des phénomènes de radicalisation et du djihadisme en particulier».

2. Pour la seule France (citoyens ou résidents), le chiffre avancé par Manuel Valls devant le Sénat en juin 2015 est de 1 730.

3. Rapport n° 2828 de la Commission d'enquête Ciotti-Mennucci sur «la surveillance des filières et des individus djihadistes», rendu public le 2 juin 2015.

terrorisme aussi s'individualise. Du coup, il se pourrait bien qu'à côté, par exemple, des artistes ou des psychanalystes, les historiens aient quelque chose à dire sur le « sujet » en question, au double sens d'assujetti (*subjectus*) et d'agent doté d'autonomie (*subjectum*).

La plongée dans les biographies des candidats au djihad permet de nuancer le rapport au radicalisme, qui peut n'être que la quintessence, le perfectionnement d'une rupture antérieure. C'est, en particulier, le cas des anciens délinquants convertis à — et reconvertis dans — l'islamisme. Elle permet aussi de relativiser le déterminisme social mettant en avant les facteurs économiques (précarité, chômage) et culturels (échec scolaire, cadre familial déstructuré) : ces éléments explicatifs ne sont ni nécessaires — puisque certains convertis ne sortent pas d'un tel milieu — ni suffisants — puisque la grande majorité des enfants issus de ce milieu ne deviennent ni délinquants ni terroristes. Le rapport négatif du sujet terroriste à une situation, directe ou indirecte, personnelle ou collective, de domination (exclusion politique, exploitation économique, aliénation culturelle et, par-dessus tout, humiliation psychologique) est à postuler, mais le plus déterminant, le plus constitutif est dans le choix positif.

Le choix radical est, aussi scandaleux que cela puisse paraître au camp d'en face, une démarche strictement intellectuelle, comme le montre bien le rôle joué par les maîtres à penser évoqués plus haut, tels Frédéric-Jean Salvi, dit « Grand Ali », pour Yassin Salhi, ou Farid Benyettou et Salim Benghalem pour respectivement Chérif et Saïd Kouachi. Il se traduit par l'affichage d'une transformation faisant de l'individu radicalisé un homme nouveau : adoption d'un type d'apparence physique et de comportement spécifiques et, plus fondamental encore, adoption d'un nom nouveau. C'est ainsi qu'Amedy Coulibaly devient Abou Bassir Abdallah al-Ifriqi, c'est-à-dire Le Sage Africain serviteur d'Allah, et s'autoqualifie soldat du Califat, c'est ainsi que Maxime Hauchard, natif de la commune du Bosc-Roger-en-Roumois (département de l'Eure), devient Tariq Abdallah Al Faransi, c'est-à-dire Tariq le Français serviteur d'Allah, décapiteur du journaliste américain Peter Kassig, en novembre 2014. Cette transformation, strictement individuelle, en effet, est performative : elle administre la preuve vivante — c'est le mot — de la possibilité de transformer le monde tout entier. L'individu radical rejoue le « départ » (hégire) fondateur du Prophète de La Mecque vers Yathrib / Médine et, à partir de ce lieu restreint — si l'on veut, car il rend compte de la totalité d'un être —, prend la direction d'un lieu élargi et modifié — u-topie —, une communauté (*oumma*) fervente, égalitaire et active, un lieu où le Califat vient juste d'être restauré.

Le passage à l'acte suppose un second choix, celui de l'agonistique, apparenté à deux activités qu'on rencontre dans plusieurs de ces biographies — l'activité physique et sportive et la délinquance, autrement dit deux formes, respectivement sublimée (sport) et immanente (délinquance) de la guerre. La posture de combat valorise la puissance physique, assure la reconnaissance symbolique, contribue à la promotion sociale. Mais il s'agit ici d'un combat jusqu'à la mort, entendons par là que la mort de l'ennemi est gagée par le sacrifice de la propre vie de celui qui le combat. La menace de mort — comme celles que reçoit à plusieurs reprises un lycéen de Saint-Maur-des-Fossés, coupable d'avoir consacré un numéro de son journal de lycée à un hommage à *Charlie Hebdo* (certains messages sont accompagnés de balles) —, l'appel solennel au meurtre (une fatwa meurtrière contre l'écrivain algérien Kamel Daoud est lancée par un salafiste trois semaines avant les attentats de *Charlie*[1]), enfin l'attentat ou le meurtre rituel, vécus du côté des sociétés libérales comme des ruptures de la loi, le sont du côté du djihadiste comme autant de preuves de la supériorité de la sienne. L'acte violent spectaculaire (qualifié par l'ennemi des mots impuissants de « barbare » ou de « sauvage ») provoque l'horreur (qui dans son étymologie latine intègre le frisson devant le sacré) et la terreur : bénéfice second.

3

Devant un tel portrait individuel et un tel système collectif de représentations, l'historien n'est pas confronté seulement à la logique de la guerre de religion. Deux figures, pour le moins, s'offrent à son regard, celle de l'homicide politique et celle du militant totalitaire. Le second partage avec le djihadiste le choix radical, la perspective utopique, le volontarisme de l'homme nouveau. Comme le djihadiste, le militant bolchevique certifie sa conversion et sa vocation par un changement de nom (Lénine, Trotski, Staline et des milliers d'autres), comme lui le militant totalitaire exalte la violence accoucheuse de l'Histoire, le rôle historique des avant-gardes, le sacrifice des martyrs de la cause, ces « témoins » dont le chrétien radical Tertullien — converti rigoriste qui finira adepte d'une secte assoiffée de martyre — a dit, à l'époque où la nouvelle religion n'avait pas encore atteint les sommets du pouvoir, que leur

1. On rappellera qu'une fatwa est une décision juridique émanant d'un juriste islamique ; dans l'immense majorité des cas elle ne s'apparente aucunement à un appel au meurtre.

sang était une semence (« *sanguis martyrum, semen christianorum* »). Les premiers analystes libéraux du fascisme n'ont pas manqué de mettre en lumière le caractère néoreligieux du mouvement, à propos duquel l'Autrichien Eric Voegelin développera sa théorie de la « religion politique », sécularisation du christianisme en idéologie totalitaire, intuition que l'historiographie récente du fascisme a travaillée avec profit (Emilio Gentile).

Le terroriste offre de même de remarquables analogies avec l'assassin politique, figure, au fond, peu analysée, si prégnant est ici le poids de l'événementiel, voire de l'anecdote. Dans un système de forte identification du pouvoir central, monarchie ou dictature, l'anecdote atteint son plus haut degré de concentration dramaturgique avec le régicide. Dans un régime plus démocratique l'attaque aura tendance à se répartir entre des cibles plus nombreuses, plus diverses et plus symboliques. Dans les années 1880 et dans la Russie des tsars dits eux-mêmes « autocrates », les révolutionnaires de Narodnaïa Volia (Volonté du Peuple) raisonnent encore comme des régicides d'ancien régime. Celui qu'on peut considérer sans exagération comme le plus grand assassin du XXe siècle, puisque son acte déclenchera la Première Guerre mondiale, elle-même mère de la seconde, Gavrilo Princip, appartient encore à cette lignée. En 2015 comme en 2001, les victimes peuvent être pour partie des personnalités connues, elles n'en sont pas moins exécutées comme symboles d'un monde qu'on veut abattre. Ces deux catégories ne sont pourtant que des variantes géographiques et historiques du même type. Individu isolé, individu missionné ou groupe organisé, tueur de princes ou de manants, l'assassin politique entretient un rapport violent à ses valeurs comme à ses futures victimes. Ces valeurs sont mises par lui à la hauteur du double sacrifice à quoi, au fond, se ramène l'assassinat politique : sacrifice de la victime, sacrifice du sacrificateur.

Poursuivre plus loin l'analyse en termes de type peut provoquer le malaise chez ceux qui accordent une importance majeure à la dimension idéologique et qui voudront donc, à toute force, distinguer, par exemple, terroristes de droite et terroristes de gauche, avec, à l'évidence, une intention, pour le coup, idéologique.

Cette prise en considération n'est pas inutile si l'on veut mieux comprendre pourquoi, par exemple, les deux grands moments de visibilité terroriste des temps modernes se sont situés respectivement en amont et en aval de la grande expérience dite « communiste », autrement dit à la fin du XIXe siècle et dans les années 60 et 70 du XXe. En termes politiques le militant totalitaire évoqué plus haut a occupé toute la place et on peut avancer l'hypothèse, psychologique, elle, qu'il a aussi canalisé une bonne partie de cette énergie utopique, négative et agonistique. C'est, d'ailleurs, ce que dit Lénine, avec ses mots d'intellectuel marxiste. Le frère d'Alexandre Oulianov, membre de Volonté du Peuple exécuté pour conjuration contre le tsar quand son cadet avait dix-sept ans, était bien placé pour dénoncer ce qui était à ses yeux l'impasse du terrorisme, image désastreuse du « gauchisme », cette « maladie infantile » du communisme destiné, lui, à en être l'âge adulte. Symétriquement, la floraison de l'hypothèse terroriste à partir des années 1960 peut être interprétée à la fois comme la face obscure des Trente Glorieuses — il ne s'agit pas alors de dénoncer le scandale du chômage ou de l'immigration mais l'injustice d'un capitalisme insolemment prospère et pourtant incapable de distribuer équitablement les « fruits de la croissance » —, mais aussi comme un retour en grâce du gauchisme armé, face à l'échec social des régimes léninistes.

Pour le reste, les points communs sautent aux yeux de ceux que n'aveugle pas le préjugé. Ainsi de la convergence de l'extrême droite et de l'extrême gauche italiennes au moment des « Années de plomb » dans leur volonté de saboter toute solution de compromis (assassinat d'Aldo Moro). Ainsi, surtout, de la similitude des itinéraires personnels qui font, pour ne s'arrêter qu'à ce qui est le plus remarquable — et le moins politiquement correct —, l'apparentement des trois terroristes : l'anarchiste de 1890, le brigadiste de 1970, le djihadiste individualiste de 2015. Marginalisation économique et familiale, pouvant aller jusqu'à la pratique délinquante, conversion autodidactique à un projet radical sous l'égide de médiateurs, parfois accompagnée d'un changement d'identité, choix de l'« action directe » illégale et armée... : pour ne prendre que les Français, Coulibaly, Hauchard ou les frères Kouachi ont des traits en partage avec Henry, Ravachol ou Vaillant, de même que la forme actuelle des Brigades internationales de 1936, c'est en Irak-Levant qu'on la trouve. Noter qu'en 1970 la Fraction armée rouge (« bande à Baader ») va s'exercer au maniement des armes dans un camp palestinien permet de mesurer la différence idéologique avec 2015, qui tient dans tout ce qui opposera ensuite le Hamas au Fatah, mais permet aussi de noter les récurrences, sans l'intégration desquelles on s'interdit de penser l'autre. De même que c'est avec son ennemi qu'on signe la paix, c'est avec l'autre qu'on fait l'Histoire.

Ajoutons un dernier point — d'histoire, là aussi. Il concerne l'effet de la stratégie terroriste. Face à des régimes autoritaires, le terrorisme n'accélère en rien le processus de déliquescence du pouvoir, bien au contraire. L'assassinat par Volonté du Peuple d'Alexandre II, tsar réformateur et malgré cela — ou à cause de cela — visé à sept reprises par l'organisation terroriste, se traduira par douze années de dislocation de ses réformes par son fils et successeur, Alexandre III. Le tsarisme tombera en février 1917 sans l'aide d'aucun mouvement terroriste mais sous l'effet d'une guerre désastreuse, au bénéfice des libéraux (Milioukov) et des socialistes réformistes (Kerenski). Cette révolution de Février est si bien oubliée aujourd'hui qu'une mémoire collective flottante peut croire que c'est la révolution d'Octobre qui a renversé le tsar, alors que les léninistes n'ont renversé qu'un gouvernement de centre-gauche. Après quoi ils ont accompli une tâche historique : réaliser à marche forcée un ambitieux programme de droite radicale puisqu'il peut se résumer aux trois mesures fondatrices consistant à faire la paix avec trois régimes monarchiques, à donner la terre non « aux paysans », comme le répéta la propagande, mais, de fait, à l'État, et enfin à interdire, réprimer puis liquider toute opposition — à commencer par celle des anarchistes et des socialistes révolutionnaires, autrement dit les groupements les plus proches de l'ancienne sensibilité terroriste.

Dans un contexte de démocratie libérale — celui, par exemple, des républiques française, italienne et allemande — le résultat est analogue mais les effets moins violents. Un mot le résume, celui, en France, de « lois scélérates », une série de mesures votées par la représentation nationale en 1893-1894, qui restreignent la liberté d'expression[1]. Le Patriot Act américain de 2001, la loi française sur le

1. La formule « loi scélérate » doit sa popularité à une série de textes rédigés en commun par un anarchiste (Émile Puget) et deux libéraux de gauche (Léon Blum, Francis de Pressensé), qui dénoncent cette atteinte aux libertés publiques — les mêmes qui prendront la défense d'Alfred Dreyfus, abandonné, en revanche, par la plupart des anarchistes qui voulaient voir en lui non la victime d'une injustice mais l'officier bourgeois, mitrailleur du peuple.

renseignement de 2015 se situent dans cette logique — la formule «loi scélérate» ressurgira sous la plume d'Edwy Plenel (chronique hebdomadaire, France Culture, 16 avril 2015).

Le principal résultat d'une politique de terreur est donc, d'abord, la mort ou l'enfermement — de Salman Rushdie à Luz — de ses victimes, ensuite, le recul des libertés publiques. Sur les moyen et long termes elle échoue totalement à renverser le régime abhorré. Au premier procès collectif conduit par la justice française contre les anarchistes (celui dit «des soixante-six», à Lyon), Kropotkine annonça devant ses juges que la révolution sociale n'allait pas manquer d'advenir dans «dix ans, cinq peut-être». Il est jugé encore trop timoré par certains de ses camarades, qui mesureraient plutôt cette échéance en mois. On était en 1883.

6
Liberté d'expression

On a vu que, dès la première manifestation consécutive au massacre du 7 janvier, à Paris, place de la République, en même temps qu'apparaissaient les premières pancartes « Je suis Charlie », le slogan qui jaillit de la foule, où les journalistes et étudiants en journalisme étaient bien représentés, fut : « Liberté d'expression ! ». Dans l'histoire française il faut remonter aux Trois Glorieuses de 1830 pour retrouver un événement massif dont l'origine fût dans une mobilisation de ce qu'on n'appelait pas encore les médias mais qui l'étaient déjà — à savoir une presse écrite dont les titres ne tiraient qu'à quelques milliers d'exemplaires mais lue avec attention par les élites, et où figurait déjà, au reste, un journal de caricatures, *La Silhouette*, attaqué par la censure royale. La révolution qui renversa Charles X, dernier « roi de France », partit en effet, le 25 juillet, de la signature par ledit roi de six lois d'exception (ordonnances dites de Saint-Cloud). Précédant, par ordre d'urgence, celles qui réduisaient le corps électoral et prononçaient la dissolution d'une Chambre des députés libérale fraîchement élue et pas encore réunie, la première ordonnance était celle qui suspendait la liberté de la presse. Dans les heures qui suivirent cette publication, le premier mouvement de rébellion viendra des journalistes, refusant de se soumettre à tout contrôle gouvernemental (protestation dite «des quarante-quatre»). Ils seront le fer de lance d'une coalition réunissant, d'un côté, les députés de l'opposition, au départ plus frileux, et, de l'autre, la «jeunesse des écoles» et certains travailleurs manuels — dont les ouvriers typographes —, prêts à en découdre.

1

Cette thématique était devenue peu mobilisatrice des larges masses dans un pays régi par les deux grandes libérations, à un siècle de distance, représentées par la loi sur la presse de 1881 et par la loi sur la «communication audiovisuelle» de 1982, d'autant que l'espace intermédiaire pouvait paraître jalonné par la libération des spectacles (1906) et l'effondrement, à partir des années 1970, des censures portant sur le cinéma et les «publications destinées à la jeunesse». L'attentat contre *Charlie Hebdo* redonnait une actualité exceptionnelle à un vieux principe supposé, sinon acquis, du moins fondateur de la démocratie moderne, et ce d'autant plus que, le soir même (22h34) de la plus grande manifestation de l'histoire nationale, Dieudonné M'Bala M'Bala déposait un statut sur sa page Facebook dans lequel il ironisait sur la manifestation en question et concluait: «Sachez que ce soir, en ce qui me concerne, je me sens Charlie Coulibaly», ce qui lui valait d'être dès le lendemain inculpé pour apologie du terrorisme. La presse et surtout Internet s'enflammaient alors autour d'une nouvelle question: cette fameuse liberté était-elle à deux vitesses et ceux qui n'adhéraient pas au mouvement du 11 janvier se retrouvaient-ils bâillonnés?

Le débat n'était pas nouveau. Comme tous les débats des temps modernes, il réactivait, dans le cadre d'une société aux structures économiques et culturelles bien différentes, une problématique de la Grèce classique. Exhumée à la fin de sa vie par Michel Foucault, la notion grecque de *parrhèsia* avait joué un rôle non négligeable dans la vie politique des cités démocratiques. Opposé chez Platon en théorie et chez Démosthène en pratique à la rhétorique du sophiste, cet attribut distinguait l'homme libre d'une démocratie, doté d'une capacité de «parler vrai». Le général, homme politique et historien Polybe en faisait l'un des piliers de la démocratie à la grecque, mais au côté d'un autre, auquel Foucault, philosophe comme Platon, n'accorde guère d'importance, l'*isêgoria*, l'égalité dans l'accès à la parole publique, la liberté moins de la parole que de la prise de parole. L'écrasement de cette démocratie abolit l'*isêgoria* et réduit la *parrhèsia* à quelques moments de franchise valorisés seulement si les dirigeants ultérieurs y originent leur autorité. Ainsi de la *parrhèsia* des disciples de Jésus face aux autorités. Puis la victoire de la Parole divine, portée justement par les disciples en question, ne laisse plus guère de place aux paroles adverses, rejetées dans les ténèbres extérieures de l'erreur par la réduction monothéiste. Retenons, au passage, de cette fable antique que la franchise n'est pas une vertu civique mais une qualité psychologique : le tyran peut être sincère dans sa pensée et franc dans son expression ; c'est même souvent à ça qu'on le reconnaît. La liberté d'expression, c'est autre chose.

Ressurgi petit à petit de l'espace public des cités médiévales puis des Églises de la Réforme («libre examen»), l'enjeu de la liberté d'expression moderne s'était retrouvé entièrement résumé dans le texte fondateur de la Déclaration française des droits de l'homme et du citoyen, adoptée par l'Assemblée, nouvellement «nationale», en août 1789, essentiellement dans son article 11 : «La libre communication des pensées et des opinions est un des droits les plus précieux de l'homme; tout citoyen peut donc parler, écrire, imprimer librement, sauf à répondre de l'abus de cette liberté dans les cas déterminés par la Loi.» Le caractère principiel de cette proclamation tenait d'abord à son contenant, solennel, et à son contenu, général. Mais il se lestait d'une situation historique délimitable à la fois en amont et en aval. Les deux autres révolutions libérales, l'anglaise de 1688 et l'américaine de 1776, n'avaient pas établi solennellement en ce domaine un principe qui s'imposât à tous les autres textes législatifs. La première déclaration des droits moderne, le Bill of Rights anglais, ne fait pas mention de cette liberté (le principe de *freedom of speech* étant limité au Parlement), non plus que la Déclaration d'indépendance des États-Unis d'Amérique ou que les deux Constitutions des mêmes États, à savoir les Articles de Confédération de 1777 et la Constitution de 1787 — même si la première déclaration des droits américaine, celle que s'était donnée, dès le 12 juin 1776, l'État de Virginie, posait dans son article 12 que «la liberté de la presse est un des grands remparts de la liberté et ne peut jamais être limitée par des gouvernements despotiques». Le pragmatisme anglais se contentera d'enregistrer l'abandon de la législation restrictive édictée par les Stuarts, ce qui permettra le développement de la première presse, sinon libre, du moins libérée de l'histoire. Le fédéralisme américain, quant à lui, se contentera, dans son Bill of Rights de 1791, de poser une définition par la négative, qui n'est cependant rien de moins que le premier amendement apporté à la Constitution de 1787 : «Le Congrès ne fera aucune loi relative à l'établissement d'une religion, ou à l'interdiction de son libre exercice; ou pour limiter la liberté de parole, ou de la presse, ou le droit des citoyens de se réunir pacifiquement ou d'adresser à l'État des pétitions pour obtenir réparations des torts subis.»

Le texte français de 1789 et le texte américain de 1791, on le voit, élargissent la liberté en jeu de la seule presse à la «libre communication des idées et des opinions», pour le premier, et à une «liberté de parole» — qui a été interprétée de manière constante comme une liberté d'expression —, pour le second. Compte tenu de la nature particulière de la crise de Janvier 15, il n'est pas sans importance de préciser à ce stade que ce principe est corrélé dans les deux cas à la liberté religieuse, avec cette différence remarquable que dans le cas américain, on l'a vu, cette corrélation figure dans le même article, alors que dans la Déclaration française elle découle de la consécutivité des articles, qui fait que le 11 est précédé d'un 10 où il est dit que «nul ne doit être inquiété pour ses opinions, même religieuses, pourvu que leur manifestation ne trouble pas l'ordre public établi par la loi».

L'importance matricielle de la version française se mesure quand, au lendemain de la Seconde Guerre mondiale, le nouveau système des relations internationales entendra — au contraire de celui de la SDN — adopter une Déclaration universelle des droits de l'homme. Voté solennellement le 10 décembre 1948 par l'assemblée générale de l'ONU, qui se tient cette année-là à Paris, ce texte a eu pour principaux rédacteurs trois personnalités influencées par la philosophie des Lumières, le Français René Cassin, le Libanais Charles Malik et le Chinois Peng-chun Chang. Son article 19 synthétise toute l'évolution libérale depuis un peu plus de deux siècles en proclamant que «tout individu a droit à la liberté d'opinion et d'expression, ce qui implique le droit de ne pas être inquiété pour ses opinions et celui de chercher, de recevoir et de répandre, sans considération de frontières, les informations et les idées, par quelque moyen d'expression que ce soit».

Les «Charlie» de Janvier 15 se réclamaient donc d'une tradition libérale dont les artistes-journalistes de *Charlie Hebdo* avaient donné une interprétation libertaire. Nul doute, en effet, que pour la plupart des dessinateurs, des écrivains et des lecteurs réguliers de l'hebdomadaire cette liberté ait été sans limites, chaque interdiction (pour commencer celle qui, en novembre 1970, avait été à l'origine du journal, successeur d'un *Hebdo Hara-Kiri*[1] interdit de publication), chaque condamnation (il y en eut neuf après la refondation de 1992, mais contre trente-neuf relaxes) étant vécue comme un déni de justice. En face, ceux qui les accusent d'islamophobie et ceux qui (parfois les mêmes) défendent la liberté d'expression de Dieudonné partagent au moins avec eux la conviction que la liberté d'expression est un leurre. Cette interprétation qu'on pourrait qualifier d'absolue se heurte, dans le relatif du fonctionnement des sociétés (qu'on pourra appeler l'Histoire), à trois grandes objections préjudicielles: dans le temps, dans l'espace et dans la nature même de son objet.

2

Historiquement, cette interprétation absolue paraît ne pas tenir compte du caractère récent et performatif de ladite liberté. Jusqu'aux expériences libérales des Provinces-

1. Et non *Hara-Kiri Hebdo*.

Unies du XVIe siècle, du Royaume-Uni du XVIIe, des États-Unis du XVIIIe, la question n'est pas celle de la censure — qui va de soi — mais bien celle de la notion qui pourrait lui être opposée, et qui ne peut exister puisque la censure non plus ne se dit pas : le Moyen Âge n'a pas de mot pour elle car la chose n'est pas. La règle des sociétés humaines est, d'abord, l'imposition — et théoriquement, l'intériorisation — des valeurs du groupe dirigeant. Cette règle est si évidente qu'elle confine à la tautologie. Une société libertaire — qui n'existe point encore, même si l'Occident de 2015 s'en rapproche à petits pas — serait simplement une société dont les valeurs dominantes seraient libertaires et s'imposeraient, dans l'espace public mais aussi, en tout ou partie, dans l'espace privé, à tous ses membres, fussent-ils personnellement de culture autoritaire ou totalitaire. Localement la nature du régime politique et le choix religieux de la communauté font généralement triompher le contrôle de l'expression. La *parrhèsia* et l'*isêgoria* de la démocratie athénienne n'auront qu'un temps, suivi par une série d'expériences autoritaires aux périodes hellénistique puis romaine et par un choix monothéiste face auquel la diversité religieuse n'est que schisme ou hérésie. Lui opposer un homme libre de ses « idées et opinions » est tout simplement absurde. Dans un univers mental où la vérité est, dans tous les sens du mot, « établie » il n'y a pas de place pour l'erreur. Dans un univers mental où Dieu règne, à l'image du monarque (et vice versa), lui seul a tous les droits. Terme emprunté à la culture romaine, qui lui donne une acception morale, la censure est une formule des Temps modernes, qui en élargissent l'ambition, construite en négatif du modèle libéral. Disons le mot : la censure est une invention libérale.

L'institution religieuse la plus importante d'Occident au

moment de la Révolution française, la papauté, n'a cessé, pendant un siècle, de rappeler qu'elle condamnait dans son principe même l'ensemble des droits de l'homme, et d'abord la liberté d'expression. C'est clairement la position initiale de l'Église catholique face à la révolution de 1789, le pape qualifiant dès 1790 d'« œuvre satanique » le fait « de reconnaître à l'homme le droit de manifester librement sa pensée »[1] et condamnant l'année suivante « cette liberté de penser et d'agir que l'Assemblée nationale accorde à l'homme social comme un droit imprescriptible de la nature ». « Ce droit chimérique n'est-il pas contraire aux droits du Créateur suprême, à qui nous devons l'existence et tout ce que nous possédons ? »[2] : c'est ici Pie VI qui parle, et non un imam salafiste. Sous la Restauration, Rome ne manque pas de dénoncer l'article de la Charte qui garantit la liberté des cultes : « Par cela même qu'on établit la liberté de tous les cultes sans distinction, on confond la vérité avec l'erreur, et l'on met au rang des sectes hérétiques et même de la perfidie judaïque l'Épouse sainte et immaculée du Christ, l'Église hors de laquelle il ne peut y avoir de salut[3]. » Deux siècles plus tard, Jean-Paul II n'est ni le premier ni le dernier pape à faire des droits de l'homme une production du meilleur esprit chrétien, y compris « le droit à la liberté d'association, d'expression et d'information »[4], suivant en cela Jean XXIII qui dans l'encyclique *Pacem in Terris* de 1963, saluant chaleureusement, avec retard, la Déclaration universelle de 1948, les posait comme « universels, inviolables et inaliénables ».

1. Pie VI, allocution consistoriale du 29 mars 1790.
2. Pie VI, bref *Quod aliquentum*, 10 mars 1791.
3. Pie VII, lettre apostolique *Post tam diuturnitas*, 1814.
4. Jean-Paul II, Discours à La Sapienza, 17 mai 2003.

Cette évolution impressionnante est en fait homologique de la dissémination des principes libéraux au-delà de leur berceau protestant, en particulier dans la fraction des sociétés de culture catholique qui s'était radicalisée dans son choix anticlérical en miroir de l'intransigeance catholique. Ainsi peut s'interpréter la singularité républicaine française, en même temps que la faiblesse constitutive des cultures libérales partout ailleurs, même en Belgique, a fortiori en Italie ou en Espagne. Plus à l'est en Europe, plus au sud en Amérique il faudra, là aussi, la violence de longs épisodes autoritaires (Amérique latine) ou totalitaires (pays de l'Est) pour que, par réaction, le libéralisme devienne, à la fin du XXe siècle, une configuration crédible. Considérée avec les yeux du démocrate libéral standard qui « est Charlie » en janvier 2015, cette histoire paraît téléologiquement orientée dans un sens positif : le libéralisme intellectuel progresse. Reconsidérée à l'échelle de l'histoire humaine, elle se révèle une expérience très récente, aux bases encore mal assurées et, bien entendu, même sans cela, totalement réversible. Sans remonter plus loin, les essais totalitaires du XXe siècle sont suffisamment proches pour ne laisser aucun doute sur ce point.

Du coup, même incertitude dans l'espace. Plusieurs décennies après la proclamation des principes de 1948, la mise en œuvre du projet libéral semble encore timide dans la plupart des deux cents États-nations, et inexistante dans une forte minorité d'entre eux. Au-delà des classements proposés depuis lors par diverses organisations non gouvernementales qui se sont instituées observatrices des pratiques et, par là, gardiennes des principes en question (l'International Freedom of Expression Exchange, IFEX, est un réseau de soixante et onze ONG vouées à ce combat), Janvier 15 autorise à faire du rapport au religieux un critère acceptable du rapport à la liberté d'expression, que des organisations non gouvernementales de journalistes mesureront avec d'autres instruments. Selon une ONG tournée vers « la religion et la vie publique », le Pew Research Center, trente-deux pays (soit 16 % des 198 analysés) disposent encore en 2011 d'une législation contre le blasphème (outrage doctrinal, outrage aux cultes) — auxquels on peut ajouter, en France, le « droit local » de l'Alsace-Moselle, héritage non aboli de l'Empire allemand et de son code pénal (article 166) —, mais le contraste est grand entre l'Europe et les pays de culture musulmane. Si au total seuls huit pays d'Europe conservent une telle législation, y compris le Danemark des « caricatures » (article 140 du code pénal), la plupart, de fait, ne l'appliquent plus, au sens où les tribunaux ne poursuivent pas — comme en Alsace-Moselle, précisément —, ce qui se conclut souvent par l'abrogation de la législation elle-même, comme aux Pays-Bas en 2013. En revanche la plupart des pays de culture musulmane, commune ou majoritaire, se donnent encore les moyens de l'appliquer. Le XXIe siècle après Jésus-Christ montre, à grand renfort de propagande, un régime politique nouveau, en train de s'installer dans l'espace syro-irakien (le Califat), qui offre de cette législation la traduction la plus brutale. Mais il montre aussi, dans la Jordanie toute voisine, considérée comme l'un des États musulmans les plus libéraux du Moyen-Orient, un code pénal toujours appliqué pénalisant l'insulte à l'islam, y compris hors des frontières du royaume si ladite insulte touche la population jordanienne « par des moyens électroniques ».

L'examen méticuleux, par le même canal, des « lois contre la diffamation d'une religion » permet de même, plus subtilement, de distinguer les pays du Moyen-Orient et d'Afrique du Nord, où il s'agit de lois pénalisant l'attaque contre la religion d'État, des pays d'Europe où cette catégorie agglomérante du Pew Forum recouvre principalement des lois réprimant l'expression haineuse contre des groupes identifiés à une religion (les juifs en faisant alors partie, même si l'identification religieuse est ici discutable). On voit donc qu'il ne s'agit dans ce dernier cas que d'une limitation à la liberté d'expression au nom d'un usage jugé abusif de cette liberté, l'apparentant à la diffamation ou à l'insulte (antisémite, par exemple) — l'exact opposé de la philosophie qui préside à la législation précédente. Rien d'étonnant à ce que les pays présentant le degré extrême de législation religieuse limitative de la liberté d'expression — les lois interdisant le changement de religion (qualifié, sur modèle des Pères de l'Église, d'« apostasie ») et, a fortiori, la profession de foi athée — soient tous des pays de culture musulmane, majoritaire (Nigeria, Égypte, Syrie, Malaisie) ou commune (tous les autres, dont l'Arabie saoudite et le Pakistan). À l'inverse une minorité de pays majoritairement ou communément de culture musulmane, comme l'Indonésie ou la Turquie, ne dispose d'aucune législation en ce domaine — on notera qu'à l'exception de la Mauritanie et des Comores les anciennes colonies françaises n'ont adopté aucune législation contre l'apostasie. Le rapprochement de ces deux dimensions laisse la place à une hypothèse, évidemment invérifiable à l'heure actuelle, qui ferait de ces restrictions à la liberté d'expression en matière religieuse une situation non pas offensive mais défensive, les sociétés de culture musulmane étant amenées à suivre l'évolution des sociétés de culture chrétienne. C'est l'enjeu, on l'a vu, de la problématique de la laïcité. En attendant, on peut se reporter aux *Quelques réflexions blasphématoires* de Slavoj Zizek, qui diagnostique pour sa part que « le problème des fondamentalistes n'est pas que nous les jugions inférieurs à nous, mais plutôt qu'eux-mêmes s'estiment secrètement inférieurs »[1].

3

Demeure une troisième grille de lecture, qui touche à la nature même de la notion. On pourrait l'exprimer ainsi : la liberté moderne, étrangère à l'absolu précisément en tant qu'elle est moderne, n'existe pas sans limites ou, pour être exact, sans ses limites, qui lui sont intimement liées. Voilà pourquoi l'article 11 de la Déclaration française se conclut, on l'a vu, par la formule « sauf à répondre de l'abus de cette liberté dans les cas déterminés par la loi ».

La loi française du 29 juillet 1881 « sur la liberté de la presse » est, en fait, une loi générale sur la liberté d'expression par la voie de l'imprimé (article 1 : « L'imprimerie et la librairie sont libres »). Elle a été élaborée par la première majorité républicaine qui ait gouverné la France après la chute du second Empire, instaurant une expérience républicaine durable. En la votant, cette majorité mettait ses actes en accord avec ses principes — d'autant plus aisément que journalistes et hommes politiques étaient étroitement liés, les seconds étant souvent issus des rangs des premiers, et y retournant au besoin, comme le montre bien la carrière d'un Georges Clemenceau. Mais cette loi, la plus libérale que la France ait connue jusqu'à aujourd'hui — et, en son temps, la plus libérale qui ait été édictée en Europe —, ne cesse pourtant, au long de ses soixante-dix articles, de multiplier les limitations et les pénalités. Les

1. Slavoj Zizek, *Quelques réflexions blasphématoires. Islam et modernité*, Paris, Jacqueline Chambon/Actes Sud, mai 2015, p. 18.

unes remontent à ses origines, où une conception individualiste de la protection des personnes entend délimiter précisément l'injure et la diffamation — sans parler de la restriction à l'affichage, qui contribuait à faire paradoxalement de cette loi, sur les murs de France, celle du « défense d'afficher ». Les autres se sont sédimentées au XXe siècle en fonction de l'évolution culturelle d'une société occidentale qui à l'incrimination de l'« appel au vol » ou « au meurtre » ajoutera celle de l'appel aux « actes de terrorisme », aux « agressions sexuelles » et à la haine raciale. Après le décret-loi Marchandeau de 1939, qui, pour la première fois en France, permet d'engager des poursuites pour insultes « envers un groupe de personnes appartenant, par leur origine, à une race ou à une religion déterminée » — et que Vichy s'empresse d'abolir dès les premières semaines de son installation —, un amendement à la loi de juillet 1949 ajoute en 1954 à la liste, déjà longue, des valeurs dont l'éloge est proscrit (dont « la paresse » ou « la lâcheté ») « les préjugés ethniques ». La loi du 1er juillet 1972 élargit la catégorie du délit de presse à toute provocation « à la discrimination, à la haine ou à la violence à l'égard d'une personne ou d'un groupe de personnes à raison de leur origine ou de leur appartenance à une ethnie, une nation, une race ou une religion déterminée ». C'est dans cette dernière logique que se situèrent ensuite les lois dites mémorielles, votées au long des douze années qui séparent la loi Gayssot de 1990 de la loi de janvier 2012 sur la négation ou minimisation du génocide arménien. Il ressort de cette dynamique une série d'ajouts et de corrections apportés à la loi de 1881, incriminant la « provocation à la discrimination, à la haine ou à la violence », la « diffamation » ou l'« injure », le tout à l'égard « d'une personne ou d'un groupe de personnes à raison de leur origine ou de leur appartenance ou de leur non-appartenance à une ethnie, une nation, une race ou une religion déterminée, ou encore à raison de leur sexe, de leur orientation ou identité sexuelle ou de leur handicap» (article 24).

Parvenu à ce stade, on peut s'interroger, avec certains juristes, sur la pente «liberticide» de cette évolution. Encore faut-il se mettre d'accord sur le point de comparaison. Il n'est pas sans importance que la fameuse censure soit de moins en moins portée par l'État, de plus en plus par la «société civile», notamment à travers tous les particuliers et toutes les associations militant pour la défense de l'ordre moral traditionnel: qu'on le veuille ou non, c'est ici la rançon d'une décentralisation de l'initiative restrictive et de la décision répressive. On peut donc discuter la thèse du recul des libertés, indexé sur l'extension du champ des incriminations, et défendre une autre indexation: sur le transfert au juge d'une répression confiée trop souvent jusque-là, dans un vieux pays d'État, à l'autorité politique. D'un point de vue libéral on peut donc soutenir que le périmètre de la liberté d'expression à la française ne s'est pas restreint: c'est l'«abus» de cette liberté dont les cas «déterminés par la loi» se sont précisés. Dès lors, si, d'un côté, dans beaucoup de pays, outrager une religion peut entrer dans la catégorie des atteintes aux identités — c'est le cas dans plusieurs pays de culture protestante et dans certaines expériences politiques néo-autoritaires, comme en juin 2013 dans la Russie de Vladimir Poutine pour des «actes publics» supposés «offenser les sentiments religieux des croyants» —, il importe de ne pas tout confondre en voyant dans l'assignation en justice un acte de censure. C'est, tout au contraire, un acte de liberté d'expression: l'expression d'une blessure identitaire, dont la reconnaissance et, le cas échéant, la mesure sont confiées à la justice.

Exercice pratique : en février 2006 *Charlie Hebdo* reproduit les « caricatures de Mahomet » publiées dans le *Jyllands-Posten*, en y ajoutant presque tout un numéro de commentaires et de dessins autour du thème. Six associations déposent plainte, au titre de l'article 24. Le 22 mars 2007 le tribunal de grande instance de Paris déboute les plaignants au motif que nul n'est obligé d'acheter ou de lire un périodique et, surtout, qu'il ne faut pas confondre injure (condamnable) et blasphème (libre) : « Attendu qu'en France, société laïque et pluraliste, le respect de toutes les croyances va de pair avec la liberté de critiquer les religions quelles qu'elles soient et avec celle de représenter des sujets ou objets de vénération religieuse ; que le blasphème qui outrage la divinité ou la religion n'y est pas réprimé à la différence de l'injure, dès lors qu'elle constitue une attaque personnelle et directe dirigée contre une personne ou un groupe de personnes en raison de leur appartenance religieuse [...]. ». En d'autres termes, plus généraux, « le genre littéraire de la caricature, bien que délibérément provocant, participe à ce titre à la liberté d'expression et de communication des pensées et des opinions ». On aura noté la référence à un « genre littéraire » : sans doute faut-il y voir la volonté pour le juge de ramener l'affaire à une question moins d'image que de « pensée ». On aura surtout noté qu'il existe une différence de nature entre un tribunal et une kalachnikov ; cela s'appelle l'État de droit.

7
Laïcité

Toutes les questions mises ici en exergue ont une dimension à la fois nationale et mondiale. Celle de la laïcité, qui en soi a toutes les caractéristiques de la question universelle, n'en est pas moins celle qui, au premier abord, paraît susceptible de l'analyse la plus étroitement nationale. La difficulté prétendue à traduire le terme en une autre langue que le français n'est pas un fait objectivement linguistique — l'anglais, par exemple, dispose de *secularism*, voire de *laicity*, et on peut estimer que l'usage de ces termes progresse aujourd'hui, par nécessité de rendre compte de l'extension internationale du débat. Elle résulte plutôt de l'existence d'un large nuancier des rapports que les institutions politiques contemporaines entretiennent avec le religieux — compris désormais ici au sens moderne. C'est, au reste, ce sens-là qui peut servir de premier critère de classement, un certain nombre d'États conservant — ou ayant, comme la Russie de Vladimir Poutine, réinstauré — un rapport prémoderne d'étroite intrication des deux entités, les autres — de loin les plus nombreux à la surface du globe — ayant franchi le pas moins d'une «séparation» horizontale que d'une distinction verticale entre un plan — celui des croyances, des pratiques et des cultes — et un autre — celui des libertés publiques, entendons par là non seulement celles de chaque citoyen, mais aussi la liberté des institutions publiques elles-mêmes par rapport à quelque dogme religieux que ce soit. On vient de parler de dogme : il est clair que le fondement de cette modernité politique est la substitution d'un dogme à un autre, au droit divin se substituant la souveraineté populaire : aucune société politique humaine n'a jusqu'à présent pu tenir sans dogme.

1

À partir de là, le cas français peut apparaître, au sein même de cette modernité, comme une forme très avancée de ladite distinction. La plus avancée sans doute, si on considère que les États de culture marxiste officielle comme la Chine, le Viet Nâm ou Cuba, après avoir voulu éradiquer le plan religieux tel que défini plus haut — situation qui est encore celle de la Corée du Nord —, en sont revenus, au fond, à un type de relation très différent du type français, une version autoritaire du rapport de distinction. Pour cerner au moins une partie des incompréhensions et des conflits intra et internationaux présents, il est donc dès lors utile de remonter au déluge, qui se situe, comme souvent, entre le XVIe et le XVIIIe siècle. La divergence — au sens atomistique du mot — entre ce qui deviendra le modèle français et les autres y trouve son origine.

Face à la puissante Espagne des Habsbourg, type achevé de monarchie catholique et centralisée dont la France poussera plus loin encore les virtualités dites, a posteriori, « absolutistes », les Provinces-Unies — futurs Pays-Bas — expérimentent le premier État-nation moderne, sur une base encore essentiellement religieuse — la Belgique naîtra, à terme, en réunissant la partie des Pays-Bas demeurée, parfois par la force, dans le giron de l'Église romaine. Cette expérience va donner sa couleur particulière à la modernité politique britannique, fondée, contre le dernier roi Stuart, Jacques II, revenu à titre personnel au catholicisme, sur l'association étroite du libéralisme politique et du protestantisme. Le Bill of Rights de 1689 met essentiellement en scène ces deux systèmes de valeurs. Certains de ses articles assoient la prédominance et l'autonomie du Parlement face au pouvoir royal — tradition anglaise à la fois réelle, depuis Jean sans Terre, et mythifiée, après Jacques II, pour les besoins de la cause. D'autres interprètent la liberté religieuse dans un sens favorable aux protestants. Que le nouveau régime, construit sur l'intégration de la très grande majorité du clergé de l'époque (l'« anglicanisme », alors que dans le même temps, de l'autre côté de la Manche, le « gallicanisme » échoue à s'imposer au prince), soit, à la base, toujours le régime anglais du XXIe siècle[1] — permet de mesurer toute la différence qui sépare cette voie de celle prise par la France un siècle plus tard.

Grand acte religieux de la Révolution française, la Constitution civile du clergé, votée massivement par les élites — civiles, justement — de 1790 — et, au reste, acceptée par le roi —, se fera, en effet, elle, contre la majorité du clergé catholique, restée fidèle au pape qui la condamne d'emblée. Que ce divorce soit lui aussi fondateur, les deux siècles qui ont suivi en ont abondamment administré la preuve, jusqu'aux célébrations du bicentenaire de la Révolution française elles-mêmes où l'on verra l'archevêque de

1. Régime anglais, en effet, mais non britannique, l'Écosse et l'Irlande du Nord ayant suivi des voies légèrement différentes.

Paris, Mgr Lustiger, refuser de participer à la cérémonie de panthéonisation de l'abbé Grégoire. Le promoteur de l'émancipation des juifs et des esclaves, personnalité exceptionnelle de révolutionnaire spiritualiste — et premier prêtre à entrer au Panthéon, par ailleurs église désaffectée —, ne pouvait toujours pas, deux siècles après, être absous d'avoir prêté serment, lui, à cette fameuse Constitution, texte organique nullement irréligieux mais politiquement «national», donc visant à autonomiser l'Église de France par rapport à Rome. C'est, de même, une considération toute politique qui en 1848, après un court «printemps» entre le mouvement démocratique et une partie du clergé, conduira le pape et ses Églises à rétablir l'alliance non «du Trône et de l'Autel» mais de l'Église et des gouvernants.

Les identités nationales s'expriment ici très clairement. Après deux essais religieux extrêmes (Cromwell et Jacques II), le Royaume-Uni choisit une voie médiane sur le plan religieux et modérée sur le plan politique, qui assure aux élites la continuité de leur hégémonie économique, donc sociale, donc culturelle. La France est le nom qu'on peut donner à l'espace-temps qui, au long d'un millénaire et demi, aura été caractérisé par une double expérience catholique et monarchique, d'une exceptionnelle durée et continuité[1]. Lire cette histoire en la comparant, par exemple, à celle de l'Italie, de l'Allemagne ou de la Pologne dit tout de cette identité qui n'est ni une supériorité, ni au reste, une infériorité, mais une simple spécificité — ce qui fait qu'un Grec n'est pas un Allemand, un Russe n'est pas un Ukrainien, un Japonais n'est pas un Chinois, toutes

1. Il n'y aurait rien d'excessif à faire du royaume de France en 1789 la plus ancienne monarchie «catholique» du monde, à partir du choix romain fait par Clovis, contre le choix arien prédominant dans les élites germaniques d'Occident, mais ceci est une autre histoire.

distinctions dont nos contemporains redécouvrent incessamment l'intérêt, avec une surprise parfois navrée.

Cette France-là a généré, au croisement de ces deux lignes de force, une religion de l'État déjà perceptible dans les derniers siècles du Moyen Âge et dont le Tocqueville de *L'Ancien Régime et la Révolution* a montré la logique laïcisante : la monarchie française a fabriqué de l'autonomie juridique et de l'agnosticisme politique jusqu'au moment où une révolution de juristes élèves des collèges religieux a frappé à mort le couple installé. Le projet laïque français est à la fois adverse et symétrique du projet catholique. Le vocable d'« anticléricalisme » — encore moins traduisible en beaucoup de langues étrangères que « laïcité » — en témoigne. Cette double caractéristique nationale sera poussée jusqu'au bout de sa logique par la IIIe République à coups de loi Ferry (28 mars 1882, sur l'enseignement primaire obligatoire, l'un des grands piliers du laïcisme à la française) et de loi non « de séparation » — ladite séparation est à la fois déjà posée et intrinsèquement inachevable — mais « concernant la séparation » des Églises et de l'État (9 décembre 1905) : deux originalités françaises qui, encore aujourd'hui, attirent l'œil des commentateurs et ont, dès l'époque, suscité des vocations hors de ses frontières.

La question postmoderne de la laïcité est, en France mais aussi à travers le monde occidental, posée par l'évolution de cet espace-temps national, qui en change cependant moins les termes que les acteurs sociaux eux-mêmes. La « question laïque » avait structuré la vie politique et sociale française sous la IIIe République. Le développement d'un mouvement ouvrier rangeant parmi ses adversaires tous les tenants du système capitaliste, qu'ils fussent croyants ou mécréants, contribua à relativiser la frontière entre « celui qui croyait au Ciel et celui qui n'y croyait pas », pour reprendre la formule aragonienne, contemporaine d'une Résistance qui, elle aussi, accéléra à la fois la réintégration des catholiques militants français dans la vie politique centrale de leur pays — dont ils s'étaient de fait exclus depuis les années 1880, au contraire, par exemple, des protestants — et le déclin du dynamisme laïque, confronté aux nouveaux enjeux de la guerre froide et de la décolonisation.

La remise en avant du thème — compris principalement en termes défensifs — se fera à partir de cette «révolution de 1975»[1] qui correspondit à la fin des Trente Glorieuses et se caractérisa par une nette révision des postulats progressistes de celles-ci, sur le plan des idéologies politiques comme sur celui des idéologies culturelles. L'élection de Jean-Paul II et moins de quatre mois plus tard la victoire de Khomeyni donnèrent au «fait religieux» — pour parler dans les termes académiques convenus, destinés à neutraliser le plus possible un phénomène qui n'était plus depuis longtemps en tête de l'agenda des sciences sociales — une visibilité nouvelle. Mais elles placèrent surtout toute une pensée progressiste en porte-à-faux devant deux chaînes d'événements qui contredisaient gravement la prophétie révolutionnaire modèle 1945 : un pape — récupérant acrobatiquement, on l'a vu, la notion de droits de l'homme, condamnée pendant un siècle par ses prédécesseurs — devenait l'un des hérauts — voire l'un des héros — de la libération des peuples contre un empire dictatorial se réclamant de Karl Marx; le camp des dominés, dont l'épicentre se déplaçait de l'Extrême vers le Moyen-Orient (1975 : défaite américaine au Viet Nâm; 1989 : défaite soviétique

1. Pascal Ory, «Trente Glorieuses, Trente Critiques: et maintenant?», *Le Débat*, 2010, 3, p. 64-70. La thèse est évoquée pour la première fois dans *L'entre-deux-Mai. Histoire culturelle, mai 1968-mai 1981*, Paris, Le Seuil, 1983.

en Afghanistan), commençait à se réclamer non plus dudit Marx, même modernisé en Lénine, Mao et Castro, ni même de Nasser ou de Saddam Hussein, mais d'Allah.

À cette lecture géopolitique s'ajouta peu à peu une lecture plus centrée sur les sociétés occidentales elles-mêmes, le lien étant assuré par la visibilité croissante, là aussi, des enjeux tournant autour d'une immigration au sein de laquelle prenaient place non seulement une proportion croissante de musulmans — ainsi que, plus à la marge, dans l'immigration d'Afrique subsaharienne, d'anciens catholiques ou animistes passés à l'évangélisme — mais aussi, plus fondamentalement encore, de familles de culture musulmane, cristallisées par la politique de « regroupement familial » mise en place par plusieurs pays d'Europe à partir, ici encore, du milieu des années 1970. Aux considérations théoriques sur les civilisations s'ajoutèrent désormais des situations concrètes d'identification alternative : interdits alimentaires, distinction vestimentaire, culte public...

L'évolution individualiste des sociétés contemporaines elle-même a, du point de vue occidental, contribué à nourrir l'affichage religieux. D'une part — et c'est la forme collective de cette individualisation du politique —, on a vu monter une demande de censure religieuse ou laïque portée par des organisations de la société civile se présentant comme représentatives de ces sensibilités, et ce dans le cadre plus général du transfert de l'initiative censoriale des pouvoirs publics vers les lobbies privés — tendance déconcertante pour tout un discours anarchiste familier aux pays de culture catholique-étatique, habitués à batailler avec des institutions centrales. De l'autre — et c'est la forme proprement individuelle de l'individualisation —, on a vu s'affirmer avec plus d'aisance l'affichage personnel d'une identité religieuse dans l'espace public. Il n'est pas sans signification que le premier incident public rattachable en France à l'islamisme — compris ici comme interprétation politique de l'islam —, celui des collégiennes voilées de Creil, se soit situé en 1989, par ailleurs dernière année de la guerre froide. Ces deux montées se traduisirent à partir de cette date par une multiplication des contentieux, transformés, médias obligent, en autant d'« affaires ». Dix années d'affaires conduiront le chef de l'État, Jacques Chirac, à engager la procédure conduisant au vote de la loi de 2004 sur le port de signes ou tenues religieux jugés ostensibles.

La nouveauté de la conjoncture est qu'on vit alors se développer au sein de la droite et de l'extrême droite françaises, où ne s'était guère exprimé jusque-là sur cette question que le catholicisme intransigeant, une sensibilité prête, bien au contraire, à reprendre à son compte le cheval de bataille de la laïcité, mais clairement concentrée sur l'islam — signe, parmi d'autres, de la progression d'un Front national apte à capter des citoyens venus de tous les horizons de la culture politique française et, en particulier, étrangers à tout héritage catholique. À court terme, il y a là une certaine spécificité française, si l'on met cette tendance en relation avec, entre 2012 et 2014, la mobilisation — sans équivalent dans des pays de culture catholique comme la Belgique ou l'Espagne — d'une partie importante de cette intransigeance-là contre le « mariage pour tous ». Mais sur la moyenne durée, le plus remarquable est de signification inverse : la thématique laïciste progresse dans des cultures politiques jusqu'à présent étrangères à cette problématique, ne serait-ce que parce qu'elle peut s'associer à la xénophobie. Chaque pays, avec ses propres caractéristiques culturelles, voit apparaître des configurations inédites, sous l'effet d'une panique morale cristallisée autour de l'islam. Ainsi des Pays-Bas, anciennes Provinces-Unies, berceau de la tolérance religieuse et, dans la foulée, intellectuelle, souvent cités en exemple dans le débat international — et, en France, dans les années 1980 ou 1990, quand il s'agissait de démontrer, derrière la montée de la droite populiste et xénophobe, l'existence d'une exception française. Désormais les pays où cette droite s'approche le plus nettement de l'exercice du pouvoir ne sont pas la France ou l'Espagne mais la Norvège (2013) ou la Finlande (2015).

2

Janvier 15 réactive vivement le débat philosophique, donc politique. La laïcité de modèle français n'est pas la simple liberté religieuse, chère aux pays protestants, à commencer par les États-Unis. La liberté religieuse peut maintenir une religion d'État. Un régime de séparation des Églises et de l'État supprime l'ambiguïté qui demeure quand ledit État salarie les ministres du culte, ambiguïté doublée d'une franche équivoque quand, l'évolution religieuse des sociétés aidant, aucun État au monde n'est en capacité de subventionner tous les cultes et, donc, de fait, en privilégie certains. Notons au passage que cette formulation, qui est celle de la loi française de 1905, entend ramener la question religieuse à une affaire de rites organisés, sans se prononcer sur la nature théologique des Églises concernées, ce qui revient à l'acception antique (païenne) de la *religio*. Assurément la séparation n'est jamais totale. En France, par exemple, les alternances de régimes ont pu voir, par exemple, la Ve République rendre possible le subventionnement par l'État des établissements scolaires confessionnels, les jurisprudences légales et les prudences locales accorder non seulement à l'Alsace-Moselle (régime du Concordat) mais aussi à six collectivités d'outre-mer[1] des statuts particuliers, permettant le financement public des cultes (régime des décrets-lois Mandel). L'actualité étant musulmane, la question de l'aide publique au culte est généralement posée sous la forme de la facilitation, ou pas, par une collectivité territoriale à l'ouverture d'une salle de prière ou d'une mosquée. Reste que ce que l'on pourrait appeler la neutralité active de la laïcité à la française, si elle reconnaît le droit de culte, en limite en externe l'affichage et en interne l'autonomie — qui permettrait, par exemple, à des communautés de s'autoréguler en contradiction avec la législation générale du pays.

C'est là que l'actualité s'éclaire par les cheminements historiques évoqués plus haut. Ainsi est-ce en Angleterre que ce que l'on pourrait appeler la neutralité passive a été présentement poussée le plus loin, avec la mise en place de tout un réseau de tribunaux islamiques, sommés par un Tribunal d'arbitrage musulman (Muslim Arbitration Tribunal, MAT) se réclamant inexactement du «mode alternatif de résolution des conflits» promu par une loi de 1996. En 2014 la Law Society d'Angleterre et du pays de Galles, organe représentatif des «*solicitors*» (avocats-avoués), ira jusqu'à émettre une «notice pratique» à l'intention de ses membres, autorisant la rédaction de testaments conformes à la charia. C'est celle-ci en effet qui règne ici, en matière commerciale et civile, y compris pour les différends de voisinage, l'établissement du régime matrimonial ou les violences domestiques. Cet «enrichissement du droit britannique», tel que le présente le président du tribunal d'arbitrage, un juriste rigoriste d'origine somalienne, contrevient

1. Guyane, Mayotte, Nouvelle-Calédonie, Polynésie, Saint-Pierre-et-Miquelon, Wallis et Futuna.

cependant à plusieurs principes du droit occidental, à commencer par l'égalité civile entre hommes et femmes, la charia permettant, par exemple, la répudiation unilatérale ou le traitement inéquitable en matière d'héritage, au profit des fils (part double de celle des filles). Notons que diverses protestations ont conduit la Law Society à faire, sur ce point, marche arrière.

Cette neutralité passive s'origine dans le raisonnement communautariste qui a présidé à la colonisation anglaise, plus soucieuse de domination que d'assimilation, à l'opposé de la colonisation française. Elle mène à assimiler la satire antireligieuse à une agression contre les convictions des croyants et, quand il y a conflit, à entendre plus volontiers le croyant blessé que l'incroyant bâillonné. Cette différence fut rendue sensible à partir de l'affaire des caricatures de Mahomet, où il fut bien clair que le dessinateur américain était moins libre de son dessin que le dessinateur français, constat renforcé après le massacre de *Charlie* où plusieurs organes de presse du monde anglo-saxon refusèrent de publier — ou, pour d'autres, floutèrent — les dessins controversés. C'est ce mode de raisonnement qui anima, au printemps 2015, la protestation de six écrivains américains (dont Taiye Selasi), suivis par une centaine d'autres (dont Russell Banks), pétitionnant contre l'attribution à *Charlie Hebdo* du prix « Courage dans la liberté d'expression » (« Freedom of Expression Courage Award ») par le PEN Club of America, remis lors du PEN World Voices Festival, tenu à New York du 4 au 10 mai 2015. À cette occasion, les précédents historiques s'affrontèrent, une des pétitionnaires, la nouvelliste Deborah Eisenberg, assimilant le journal français au journal antisémite nazi de Julius Streicher, *Der Stürmer*, alors que les défenseurs de *Charlie* répondaient en rappelant le précédent du congrès de Dubrovnik du PEN, en 1933, au cours duquel l'association, après un moment d'hésitation où des voix s'étaient déjà élevées pour qu'elle gardât en l'affaire une stricte neutralité, avait fini par condamner solennellement les atteintes aux droits des écrivains dans le nouveau Reich allemand.

3

La neutralité active à la française oppose à cette conception la loi du 15 mars 2004, définissant une «ostensibilité» du signe religieux personnel, jugé incompatible avec la neutralité de l'école publique. La neutralisation de l'espace ne concerne donc que, d'une part, le degré de visibilité du signe (le port «discret» de signes comme la croix chrétienne, l'étoile de David ou la main de Fatma — au reste signe non musulman — est admis par la jurisprudence) et, de l'autre, un type d'espace limité, l'espace d'une institution publique — on rejoint là la logique de la loi Ferry de 1882 instaurant la laïcité du seul enseignement d'État. Elle lui oppose plus encore la loi du 11 octobre 2010 qui affirme dans son article premier que «nul ne peut, dans l'espace public, porter une tenue destinée à dissimuler son visage». Les tenues concernées sont celles du voile dit intégral, ou niqab, qui laisse les yeux seuls visibles, et le voile réellement intégral, ou burqa. Le hijab — assimilable au voile porté par certaines religieuses catholiques — ou le jilbab arabe et le tchador iranien — qui couvre l'ensemble du corps mais ne cache pas le visage — ne sont pas concernés par cette interdiction. Prise au pied de la lettre, cette loi fait avancer la définition des enjeux. Dénoncée par certains comme une atteinte à la liberté individuelle — ici celle des femmes voilées —, elle ne se réclame pas explicitement de la « laïcité ». Son exposé des motifs, très solennel, commence par : « La France n'est jamais autant elle-même, fidèle à son histoire, que lorsqu'elle est unie autour des valeurs de la République : la liberté, l'égalité, la fraternité. Ces valeurs sont le socle de notre pacte social ; elles garantissent la cohésion de la Nation ; elles fondent le respect de la dignité des personnes et de l'égalité entre les hommes et les femmes. Ce sont ces valeurs qui sont aujourd'hui remises en cause par le développement de la dissimulation du visage dans l'espace public, en particulier par la pratique du port du voile intégral. » Suivent les notions de « civilité », d'« ordre public », de « fraternité », de « vivre-ensemble » et de « contrat social républicain ». Un raisonnement subtil précise : « Au reste, il ne s'agit pas seulement de la dignité de la personne ainsi recluse, mais également de celle des personnes qui partagent avec elle l'espace public et se voient traitées comme des personnes dont on doit se protéger par le refus de tout échange, même seulement visuel. » L'autre apport spécifique de cette loi a tenu à l'introduction, pour la première fois, de la notion d'« espace public » empruntée aux sciences sociales mais jusque-là étrangère au droit français. L'article 2 précise la définition de l'espace en question, qui regroupe les voies publiques ainsi que les lieux ouverts au public ou affectés à un service public.

Une fois de plus, il est intéressant de noter que la question a cessé d'être considérée comme « franco-française ». Les années 2010 auront ainsi vu des législations et réglementations analogues se mettre en place dans plusieurs pays d'Europe, limitées à certaines institutions publiques comme la loi de 2004 (Allemagne, Danemark) ou étendues à tout l'espace public comme celle de 2010 (Belgique, Pays-Bas). En juillet 2014, la Cour européenne des droits de l'homme déboute une plaignante — assistée, comme il se doit, par un cabinet d'avocats londonien — en soutenant, pour la première fois, la légitimité du «motif du vivre-ensemble». Examiné de près, l'article 4 de la loi française permet d'aller au-delà du fameux espace public puisqu'il pénalise — et cette disposition est entrée, en effet, dans le code pénal (article 225 4-10) — «le fait pour toute personne d'imposer à une ou plusieurs autres personnes de dissimuler leur visage par menace, violence, contrainte, abus d'autorité ou abus de pouvoir, en raison de leur sexe».

Une assez juste image de la revalorisation de la thématique laïque est donnée par l'histoire institutionnelle récente de la laïcité en France. Histoire compliquée et, surtout, alentie mais dont le mouvement propre s'accélère. Signe des temps: la mise en branle vient non de la gauche laïque mais de la droite, inquiète devant la multiplication des signes d'identification musulmane. Elle s'éclaire, d'un côté, à la lumière du 11-septembre, de l'autre à celle de la présence de Jean-Marie Le Pen au second tour de l'élection présidentielle de 2002, autrement dit sur le constat d'une offensive des radicaux des deux camps, d'un côté l'islamisme, de l'autre ce qui va peu à peu être rassemblé sous le vocable d'«islamophobie». Un premier texte officiel, le rapport demandé par le Premier ministre Jean-Pierre Raffarin à François Baroin, remis en mai 2003, solennise cette nouvelle lecture («Pour une nouvelle laïcité»), à laquelle répond la mise en place, le 3 juillet 2003, d'une commission de réflexion «sur l'application du principe de laïcité dans la République», dite «commission Stasi», du nom de son président, alors médiateur de la République. Le travail d'audition et de discussion de la commission contribue à faire évoluer plusieurs points de vue, a priori méfiants à l'égard des risques d'instrumentalisation anti-islamique (Jean Baubérot, Patrick Weil). Mais la quinzaine de recommandations à laquelle il aboutit — et dont la loi de 2004 sera, dans l'immédiat, la principale expression concrète — dessine un espace de laïcité active renforcée, qui suscite des réactions négatives du côté des représentants des cultes comme, à gauche, du côté de militants ne voulant voir dans cette démarche qu'un alignement sur les campagnes du Front national.

La prudence — jusqu'à la paralysie — des pouvoirs publics à cette date se mesure au destin étrange de l'Observatoire de la laïcité. Le projet est pourtant annoncé par le chef de l'État, Jacques Chirac, lui-même dans son discours sur la laïcité — sujet inédit sous la Ve République — du 17 décembre 2003, comme une sorte de pérennisation de la commission. Il n'est pourtant créé que quatre ans plus tard (décret du 25 mars 2007) sous Nicolas Sarkozy qui, à son tour, laisse le dossier en plan, puisque jusqu'à la fin de sa présidence aucun membre n'en sera nommé. Il faut l'élection d'un troisième président de la République pour que lesdites nominations aient enfin lieu, par un arrêté du 5 avril 2013 : dix ans pour passer d'une intention présidentielle à sa réalisation. L'Observatoire, rattaché au Premier ministre et placé sous la présidence de Jean-Louis Bianco, s'attelle alors à la tâche d'affiner les recommandations de 2003. C'est ainsi que le 6 janvier 2015, soit quelques heures avant les attentats, il entend les représentants des cultes catholique, protestant, juif et musulman d'Alsace-Moselle proposer, lors d'une audition commune, d'abroger la législation locale relative au blasphème. Les attentats suscitent une réunion d'urgence de l'Observatoire, à l'issue de laquelle sont adoptées onze « préconisations » « sur la promotion de la laïcité et du vivre-ensemble » parmi lesquelles les unes vont dans le sens d'une meilleure compréhension des parties en présence (enseignement laïque du fait religieux, formations à la laïcité pour les fonctionnaires, intégration de la laïcité dans la formation des imams, accélération du recrutement d'aumôniers musulmans dans les prisons...) et les autres sont à la recherche de mesures substitutives (enseignement moral et civique à l'école, renforcement du service civique, «semaines de la fraternité» dans les départements...): au fond, une politique d'ouverture à l'autre, moins facile que les lois d'interdit et au succès incertain, mais sans doute aux effets plus profonds, si on lui donne les moyens de se mettre en place et si on lui laisse le temps de les produire. Force est de reconnaître que cette voie médiane n'a été rendue possible, sous une présidence de gauche, que parce que la dénonciation rituelle de l'islamophobie s'est trouvée affaiblie devant la récurrence et l'accentuation de la violence islamiste. Force est, surtout, de reconnaître qu'elle ne suscite guère d'écho dans les médias, ni donc dans la société.

8

Place de la République

En langue française un événement « a lieu », c'est même à cette inscription dans l'espace qu'on le reconnaît. Janvier 15 est éminemment une affaire de lieux, sa « couverture » — métaphore spatiale — par les médias télévisuels l'a confirmé. Mais l'une de ses particularités a résidé dans la mobilisation de deux types de lieux, de qualités bien différentes. La rédaction de *Charlie Hebdo*, rue Nicolas-Appert, et l'Hyper Cacher, avenue de la Porte-de-Vincennes, sont des lieux ordinaires — en ce sens qu'ils associent fonction économique et fonction culturelle : deux entreprises porteuses d'une identification, idéologique pour l'une, communautaire pour l'autre — métamorphosés par un acte de violence. Leur transformation en lieux de mémoire reste problématique. Elle n'ira sans doute guère au-delà de l'apposition d'une plaque commémorative, à l'instar d'autres sites d'attentat comme les rues Copernic, de Rennes ou des Rosiers, même si le maintien in situ de l'immeuble — au sens étymologique du mot — qui était visé — hier la synagogue de la rue Copernic, aujourd'hui l'Hyper Cacher — peut entretenir une instance de commémoration supplémentaire. Mais Janvier 15 a aussi requalifié des lieux déjà institués, dès leur origine, en lieux de mémoire saturés d'histoire symbolique, à commencer, dès le premier jour, par la place de la République.

1

Il y a en effet une histoire symbolique et précisément ici une histoire des politiques symboliques[1]. Bien avant d'être une affaire de «valeurs» et d'institutions, la politique est d'abord une démarche d'incorporation, ayant pour fin le ralliement des désirs par l'accaparement des existences. L'incorporation est ce double paradoxe sans lequel il n'y a pas de société: d'une part elle cherche à faire de corps physiques séparés un seul corps abstrait, de l'autre elle spécifie le groupe en question pour le rassembler, en le séparant des autres pour mieux l'unifier. En aval la politique symbolique a un objet: entretenir — voire créer — le lien social par l'agrégation du groupe autour de signes de reconnaissance («symboles»[2]); en amont elle part d'un constat: l'importance de l'émotion comme source d'énergie du moteur social. Elle croit donc en l'efficacité du signe, conçu comme le plus court chemin du sensible à l'intellectuel. En son centre elle joue sur la combinaison de trois supports du symbolique: l'emblématique, qui ne se limite pas à sa dimension visuelle mais intègre aussi ces supports sonores que sont l'hymne, la devise ou, pour commencer, le slogan, dont l'étymologie dit bien qu'il est le symbole

1. *Cf.* plusieurs textes de l'auteur, depuis 1992, dont *Une nation pour mémoire* (Paris, Presses de la Fondation nationale des sciences politiques, 1992) et «Pour une histoire des politiques symboliques», *Revue d'histoire moderne et contemporaine*, 47-3, juillet-septembre 2000, p. 525-536.

2. Dont il n'est sans doute pas inutile de rappeler qu'ils s'opposent fonctionnellement à ce qui sépare, le dia-bolique.

sonore par excellence[1], le monumental, qui fait intervenir, si peu que ce soit, une dimension d'occupation spatiale, enfin le rituel, lieu d'un temps transformé, qui ne se conçoit pas sans recours à l'emblème et sans référence au monument.

L'année 2015 aura été particulièrement riche en inscription symbolique. En se prenant soi-même en « selfie » avec la tête décapitée de sa victime sur fond de drapeau de Daech, Yassin Salhi aura rappelé l'importance qu'un terroriste accorde à ce type d'affichage. Grand emblème politique de cette année-là, le drapeau noir recouvert d'inscriptions blanches signe en fait l'appartenance idéologique, en l'espèce la filiation avec le wahhabisme. Le drapeau saoudien est composé du même texte (la *chahada*, ou profession de foi islamique : « Il n'y a de dieu que Dieu et Muhammad est son prophète »), mais cette fois sur fond vert, souligné par un sabre. Ce changement de couleur n'est, au reste, pas sans signification. Imposé par la quatrième dynastie califale, celle des Fatimides, le vert a été adopté par beaucoup de principautés, d'États ou d'organisations islamiques. Paradoxalement c'est un signe moderne. Ce fut hier le choix de Mouammar Kadhafi, dont le projet révolutionnaire se mesure au caractère radical de son choix d'emblématique — un drapeau entièrement vert, sans inscription ; c'est aujourd'hui celui du Hamas (chahada sur fond vert, sans le sabre séoudien). L'option fondamentaliste des talibans ou de Daech ressort clairement de leur choix vexillologique : blanc avec chahada en noir pour les premiers, noir avec chahada en blanc pour le second (comme pour les chebab somaliens), ce qui représente en fait, autant qu'on puisse le savoir, deux déclinaisons de l'emblématique du

1. « Slogan » est le nom gaélique du cri de ralliement des clans écossais ou irlandais.

temps du Prophète, dont se réclament ces groupements. La proximité idéologique entre Al-Qaïda, Daech, Boko Haram et Al-Shabbaab, par-delà toutes les querelles politiques, s'illustre par l'utilisation du même drapeau.

Encore faut-il s'entendre sur cette notion de politique symbolique et sur le volontarisme qu'elle présuppose, le cadre officiel qu'elle impose. En temps ordinaire les institutions et les organisations du politique cherchent — précisément — à institutionnaliser et à organiser ce jeu des signes de reconnaissance. Mais l'histoire est là pour rappeler que l'invention de la plupart des symboles politiques forts est liée à des moments de refondation, de révolution, de guerre (civile, la plupart du temps), en un mot qu'ils sont nés non du «hasard» mais de son contraire : l'imagination symbolique d'une société en crise, l'émotion aidant. Le 4-Juillet comme le 14, le *God save the King* comme *La Marseillaise*, le drapeau palestinien comme le drapeau LGBT sont associés par les circonstances de leur naissance à des situations dramatiques où la solennité prend le relais de l'improvisation. On comprend mieux dès lors qu'ils puissent condenser une conjoncture exceptionnelle en la transformant ipso facto en récit signifiant, c'est-à-dire en mythe. À cet égard rien de plus dramatique qu'un événementiel associé à la mort.

La Révolution française, le mouvement libéral et démocratique européen au XIXe siècle, le mouvement ouvrier français après la Commune mais aussi le fascisme ont fait des cérémonies funéraires et des commémorations liées aux martyrs ou aux défunts illustres des moments exceptionnels d'identification et, parfois, de mobilisation. La révolution de 1848 commence par un massacre boulevard des Capucines, suivi par le convoi nocturne, improvisé, des cadavres des victimes ; la manifestation la plus spectaculaire de 1936 n'est pas le prévisible 14-Juillet du Front populaire victorieux mais celle qui, en février, avait accompagné, sous le choc de l'événement, l'attentat dont a été victime Léon Blum. Plus près de nous les «marches blanches» donnent le ton d'un type de rituel nouveau, qui fait bouger les lignes de la socialisation. L'importance historique de Janvier 15 se mesure à sa capacité à produire de l'innovation symbolique sur chacun des trois terrains: le slogan «Je suis Charlie», au titre de l'emblématique, en est l'exemple le plus remarquable mais on ne saurait minorer le rôle nouveau donné à des *monumenta* comme les places parisiennes de la République et de la Nation ou, au titre du rituel, la forme inédite prise par les «marches républicaines» des 7, 10 et 11.

Comme quelques-uns des plus célèbres slogans de l'histoire, «Je suis Charlie» a surgi, sans «brainstorming» ni tests variés, dès le 7 et dès 11 h 52, sur Twitter. Interrogé le jour même, son créateur a fait référence explicitement au jeu «Où est Charlie?», auquel il jouait avec son jeune fils de cinq ans. On peut penser qu'implicitement la démarche est analogue à celle du Kennedy du discours devant le mur de Berlin, le 26 juin 1963 («*Ich bin ein Berliner*»), reprise en septembre 2001 par Jean-Marie Colombani et Bernard Kouchner («Nous sommes tous Américains»). Les circonstances dans lesquelles s'élabore un symbole disent beaucoup sur la société qui l'adopte. *La Marseillaise*, emblème sonore de la Révolution française, est l'œuvre d'un militaire «patriote», portée par une phalange de militants armés — les fédérés de l'été 1792 —, qui mettent à bas la monarchie. «Je suis Charlie», lui, est l'œuvre d'un graphiste, directeur artistique du magazine *Stylist*, Joachim Roncin. Cet hebdomadaire est lui-même tout à fait «de son temps»: coédité par *Marie-Claire* et l'éditeur britannique qui a créé, en 2007, la formule (*ShortList*, pour un public masculin, suivi par *Stylist*, pour les femmes, en 2009), il n'a pas deux ans d'âge. C'est un « freemium » — traduisons : un périodique gratuit visant un public de 25-35 ans, CSP + —, qui dès son lancement atteint une diffusion de cinq cent mille exemplaires.

Au reste, l'important dans l'histoire d'un symbole n'est pas dans l'amont mais dans l'aval, dans son appropriation collective. La pertinence de la formule imaginée — car il s'agit bien d'une image, autant que d'un cri de ralliement — tient à sa brièveté — trois mots —, à sa clarté et surtout à sa capillarité : chaque porteur de l'inscription endosse en *symbolon* à la fois la personnalité individuelle des victimes (partage du deuil) et celle, collective, du journal (solidarité philosophique). Mais au fond le plus important gît dans la forme verbale initiale. Dans une culture qui valorise l'individualisme, « Je suis » est évidemment la proclamation suprême, le signe de l'engagement le plus engageant. Rien n'exprime plus nettement, plus simplement, l'évolution de la culture politique dominante que le passage du « Nous sommes tous des juifs allemands » de la petite minorité gauchiste de Mai 68 au « Je » massif de 2015. Charlie est donné ici comme métonymie de *Charlie Hebdo*. La réduction à un seul mot du titre à deux mots était déjà acquise antérieurement : dans le langage courant « Charlie » était depuis déjà longtemps donné pour le tout, avec une acception originellement affectueuse, émanant des sympathisants — on sera loin des origines quand le nom surgira de la bouche des frères Kouachi (« C'est où, Charlie ? » avant, « On a tué Charlie ! » après). L'ambiguïté sémantique du nom est, depuis le début, un atout puisque c'est aussi un nom de personne. Elle facilite l'identification de l'individu assimilé à l'instance identifiante. Rien d'étonnant à cela, au fond, puisque l'origine ultime — totalement occultée par les strates de réappropriation successives — est un individu, le Charlie Brown des *Peanuts*[1].

Dans la typologie des politiques symboliques, «Je suis Charlie» appartient au domaine de l'emblématique sonore. Mais on remarquera que dans les rangs des manifestants la formule sera moins encore proférée que brandie, placardée ou badgée, en un mot écrite ou, pour être exact, inscrite. L'origine dit tout: œuvre d'un homme de l'image, le slogan est lancé sous une forme non pas verbalisée mais graphique, suite de lettres blanches et grises sur fond noir[2]. Dès 14 heures 23 Roncin répond à une correspondante: «J'ai fait cette image parce que j'ai pas de mots.» L'appropriation par la galaxie Internet est immédiate. Le surlendemain à 20 heures le mot clé #jesuischarlie a déjà été repris 619 000 fois. Mais l'explication principale tient surtout à la nature intrinsèquement funèbre du rassemblement, dès son prototype, celui du 7 au soir, matrice improvisée des «marches républicaines» des villes de France les 10 et 11.

1. Le *Charlie Hebdo* de 1992 a réactivé les titres du *Charlie Hebdo* de 1970-1982, qui lui-même succédait au *Hara-Kiri Hebdo* puis *Hebdo Hara-Kiri* de 1969-1970, interdit par le gouvernement. L'utilisation du nouveau titre fut rendue possible par l'une des futures victimes du 7 janvier, Georges Wolinski, qui dirigeait alors le mensuel de bandes dessinées *Charlie*. Ce dernier titre, fondé en 1969, rendait hommage au personnage central de la série *Peanuts*, dont l'auteur, Schulz, se prénommait aussi Charles. Dès le 7 janvier, à 17 heures 51, un dessinateur anglais, Magnus Shaw, montre Charlie Brown pleurant les morts de *Charlie*. Martin Handford, le dessinateur de «Où est Charlie?», se manifestera de même le 10 janvier.

2. Le «Je suis» est écrit en blanc avec la police de caractères de *Stylist*, «Charlie» se détache légèrement en grisé, reprenant la police du titre lui-même. Roncin précise: «J'ai pris le logo de *Charlie Hebdo* pour en faire autre chose. C'est ce que je fais tous les jours: remixer des images.» (*Les Inrocks*, 22 janvier 2015.)

2

À Paris, le premier soir, la lecture — et la cohérence — politique était donnée par le choix du lieu : le nom de la place et la présence de la statue en son centre. L'histoire de la place — de l'« emplacement » — est en effet en soi tout un symbole. Grande place stratégique dans les plans haussmanniens[1], au carrefour de plusieurs quartiers populaires, elle est à deux reprises investie par les républicains d'une fonction symbolique forte : c'est à elle et pas à une autre que la Ville, en 1879 — année fondatrice[2] —, attribue le toponyme suprême et c'est sur elle que, dans la foulée, les nouveaux dirigeants décident d'ériger ce qui est devenu par là même le plus ancien monument républicain demeuré continûment en place dans la capitale (1883), le monument à la République des frères Charles et Léopold Morice[3]. L'ensemble ne se limite pas, en effet, comme on le dit communément, à une statue de la République. Il la combine avec un haut piédestal — beaucoup plus haut que la statue proprement dite —, ce qui en fera les 7 et 11 janvier un grand écran à projection symbolique.

Ce registre déroule à sa base douze hauts-reliefs en bronze échelonnant autant d'épisodes mythiques de la

1. Le second Empire, dictature moderniste fondée sur le suffrage universel, avait d'abord songé à y installer une grande salle de spectacle populaire. Il y renonça, mais n'oublia pas d'y laisser la plus grande caserne de Paris, aujourd'hui de « gardes républicains ».

2. En 1879, les républicains, vainqueurs des élections à la Chambre en 1877, conquièrent les deux dernières institutions d'État qu'ils ne contrôlaient pas encore : le Sénat et la présidence de la République.

3. Les Républiques de la Révolution furent détruites, la République de Jean-François Soitoux, commandée en 1848, aujourd'hui visible à côté de l'Institut de France, a été remisée à deux reprises.

marche vers la victoire républicaine, du 14 juillet 1789 au 14 juillet 1880, en passant par — lieu de mémoire peu connu de nos contemporains — l'abolition de l'esclavage. Cette frise historique est surmontée des trois allégories en ronde-bosse des principes de la devise républicaine, un lion plus grand que nature faisant les cent pas comme le gardien qu'il est du sanctuaire des quatre valeurs (Liberté, Égalité, Fraternité, République) : associé à l'urne du vote, il symbolise, quant à lui, le Suffrage universel[1]. On peut penser que, plus que ce qu'il représente — évidemment ignoré des contemporains de 2015 comme d'ailleurs sans doute de la plupart de ceux de 1883 —, c'est sa disposition générale, verticale et circulaire à la fois, qui explique que ce totem revisité ait été copieusement tagué, placardé, chevauché par les manifestants, ainsi transformés, sans le savoir, en vivantes allégories du citoyen. L'air farouche, la Liberté, surmontée explicitement de son nom, tenant d'une main le flambeau de la Lumière — et sans doute des Lumières — et de l'autre des chaînes brisées, pouvait être aisément adoptée par les manifestants grimpeurs agglutinés sur son effigie comme le symbole accessible aux citoyens, la République elle-même, de taille gigantesque, siégeant trop haut pour le commun de ses enfants.

La statue de Léopold Morice est en effet une de ces « Marianne » dont jadis Maurice Agulhon fit la typologie : debout, portant le bonnet phrygien, c'est clairement une Marianne de républicains de gauche mais dont la tenue générale et certains accessoires tempèrent le radicalisme : une toge solennelle, un baudrier chevaleresque, une couronne végétale à la base du bonnet et un pacifique rameau

1. On notera que la fraternité — allégorie peu fréquente jusque-là — est représentée comme une mère institutrice apprenant à lire à un couple d'enfants.

d'olivier à la main droite. L'analyse que Maurice Agulhon ou d'autres historiens ont pu en faire doit cependant être mise en perspective de la commande passée simultanément — et non pas consécutivement, comme l'a fait croire la date beaucoup plus tardive de l'érection définitive du monument, en 1899 — pour une seconde place que les républicains décident par ailleurs, cette même année 1879, de débaptiser de son nom monarchique («place du Trône») pour le remplacer par «place de la Nation». Et là, la figuration adoptée est celle, plus dynamique, plus conquérante, plus sociale, d'un «Triomphe de la République», et elle est proposée par un artiste nettement marqué à gauche, l'ancien communard Jules Dalou, arrivé second dans le concours de 1879. L'allégorie a quitté l'hiératisme de la Marianne Morice. Vêtue légèrement, d'une étoffe qui épouse ses formes et découvre un sein[1], la Marianne Dalou, évidemment phrygienne, marche sans mal sur un globe terrestre, posture qui suggère une planète destinée à passer tout entière sous l'égide des valeurs républicaines, libérales et sociales. La République de la Nation est flanquée, entre autres, d'une claire allégorie du Travail — un forgeron musculeux portant marteau sur l'épaule : par-delà des formes classiques longtemps rejetées dans l'obsolescence on est bien ici devant le symbole républicain le plus «avancé» de la capitale[2].

Si l'on s'est attardé à ce décryptage, c'est que le soir du 7 la première statue servira de point de ralliement aux

1. Dalou est, au Père-Lachaise, l'auteur du fameux monument au républicain Victor Noir, devenu la principale statue érogène de Paris.

2. Dans son dispositif de 1908, le groupe «triomphe» dans un bassin où les sauriens de la réaction ouvrent vers lui leurs gueules impuissantes. Est-ce un hasard si le régime de Vichy les enverra à la fonte ? En tous les cas il n'osera pas s'attaquer au groupe de Dalou — ou il n'en aura pas le temps.

manifestants. Deux circonstances conjoncturelles avaient contribué à ce choix : sur le moyen terme le complet réaménagement de la place par la municipalité Delanoë, associant souci écologique et manifeste politique, venait tout récemment (2011) de donner une nouvelle visibilité au monument des frères Morice, en disposant à ses pieds une vaste esplanade piétonne que divers types d'usagers avaient commencé à faire leur ; sur le court terme, la place était toute proche du lieu de l'attentat. Un point commun réunissait ces deux conjonctures, apparemment sans lien entre elles : la gentrification « bohème » des quartiers adjacents (3e, 10e et 11e arrondissements, principalement), où s'était installé, en 1987, le siège social du quotidien *Libération*, rejoint depuis peu par celui de *Charlie*[1]. L'itinéraire officiel du rassemblement monstre du 11 sera tracé depuis cette statue jusqu'à la seconde, et l'on a déjà vu que c'était sur cette dernière — et non sur la première — que se trouvaient agglutinés les manifestants dont la réunion composa les deux versions du « Crayon guidant le peuple » : hommage implicite au dynamisme et à l'accessibilité du monument Dalou.

3

Le 7 est, à bien des égards, plus exceptionnel encore que les massifs défilés qu'il entend préfigurer — et qu'en effet il préfigure. Lancé en début d'après-midi par le Syndicat national des journalistes et Reporters sans frontières, vite rejoints par de nombreuses organisations, il ne peut se

1. Après l'attentat la seconde rédaction sera accueillie dans ses locaux par la première.

situer dans le cadre classique de la manifestation de protestation. Mais l'appel à se rassembler sans plus attendre le soir même de l'attentat doit, par sa date et son lieu, intégrer plusieurs traits spécifiques : l'improvisation, la proximité dans le temps (quelques heures) et dans l'espace (le lieu désigné est à quelques centaines de mètres de celui de l'attentat), enfin le recueillement de la posture de deuil. Le premier trait apparente le rassemblement au type défini par Péguy quand il veut qualifier les manifestations de joie qui accueillirent, le soir même du 14 juillet 1789, la prise de la Bastille : le « zéroïème » anniversaire de celle-ci. Ici il s'agit bien d'une manifestation de douleur mais son caractère historicisant est analogue : on commémore sans plus attendre et, dans les deux sens de la locution, on « prend date » : on marque et on se prépare.

La logique du deuil associe l'affliction devant la perte d'un être proche (quelle que soit la nature de cette proximité) — « deuil » est de la famille de la douleur, via le bas latin *dolus* et l'ancien français *dol* — avec le signe extérieur de cette affliction. La nuit tôt tombée du 7 janvier — soirée par ailleurs assez douce pour la saison — s'installera sans contradiction ressentie sur une foule mêlant les générations où cependant prédominaient les jeunes. Peu de parole (« Liberté d'expression ! », « On n'a pas peur ! »), quelques crayons brandis, des salves d'applaudissements, comme si la foule saluait une dernière fois les « artistes », tout en s'applaudissant elle-même d'être là, le rassemblement autour d'une statue et sur une place vouées à la République se suffisant à lui-même. Le rituel est ici réduit à sa plus simple expression — c'est le mot : à l'agglomération d'une foule où le recueillement l'emporte sur toute autre figuration. La vieille langue politique française avait un mot pour cela : elle parlait d'« émotion » populaire, jamais très loin, chez elle, de l'« émeute ». C'est bien d'une émotion qu'il s'agit ici mais sans trace de colère, de la traduction par des corps rassemblés d'une tristesse (la mort), d'une horreur (la forme de la mort) et d'un dégoût (le sens de la mort).

Contentons-nous à ce stade de tenir comme première caractéristique signifiante les chiffres avancés, pour une fois, non par « les organisateurs » — si peu organisés, si peu organisateurs — mais par les services du ministère de l'Intérieur. La configuration qui en ressort est celle des « manifestations de masse », sans conteste possible : des trente-cinq mille pour le rassemblement improvisé du 7 au soir à Paris jusqu'au million et demi de la marche républicaine du 11 dans la même ville et, au départ, dans le même quartier, chiffre record dans l'histoire des manifestations recensées de ce pays[1]. Ces chiffres seront à prendre d'autant plus au sérieux par les analystes ultérieurs qu'ils sont prolongés par la forte capillarité du phénomène, perceptible dès le 7 au soir, qui verra plusieurs villes connaître des rassemblements analogues, avec parfois des chiffres proportionnellement plus élevés que dans la capitale (douze à quinze mille à Rennes, dix mille à Toulouse...), et très remarquable les 10 et 11, où la plupart des villes concernées connaîtront à cette occasion des taux de mobilisation sans précédent, à l'exception — peu quantifiée à l'époque — des « scènes de liesse » de la Libération : cent mille à Marseille, plusieurs milliers à Guéret. Les chiffres officiels regroupant les

1. Les grands nombres les plus proches sont, pour l'histoire française, ceux des funérailles de Victor Hugo, mais les chiffres cités à l'époque (1885) par la presse ou la préfecture de police, qui s'étagent de un à deux millions selon les sources, sont beaucoup plus sujets à caution que ceux de 2015. Au reste les deux objets ne sont pas sur ce plan comparables, même s'ils ont en commun la dimension mortuaire.

rassemblements des 10 et 11 seront, on l'a vu, de l'ordre, arrondi, de quatre millions, autre record historique[1].

Encore cette nationalisation n'est-elle pas une particularité de Janvier 15. Par rapport à toutes les références analogues du club des grands chiffres, qui ne se limitent pas à la tradition de gauche[2] mais doivent intégrer les rassemblements de masse de la tradition de droite[3], Janvier 15 apporte une dimension nouvelle moins en soi que par son ampleur : la mobilisation à l'étranger, qui en fait un événement, et par là un symbole, de l'ère planétaire (*global*). Dès les 7 et 8 on recense plusieurs dizaines de manifestations, mêmement improvisées, de Stockholm à Hong Kong. Les jours suivants les rassemblements de sympathie pour les victimes françaises et contre le terrorisme islamiste ne se compteront plus, de Madrid (gare d'Atocha, lieu des attentats de 2004) à Johannesburg, en passant par Washington ou Tokyo, et y compris dans certains pays de culture musulmane — parmi les slogans : « *Not in my name* ».

On reviendra, au chapitre « Je (ne) suis (pas) Charlie » et, en particulier, à propos d'Emmanuel Todd, sur la polémique engagée dès le 12 janvier sur les limites à apporter à la signification non pas massive — indéniable — mais « populaire » de ces rassemblements. À ce stade, contentons-nous de signaler qu'à aucun moment d'aucune histoire un « Peuple » n'est descendu dans la rue et qu'il faut accepter de qualifier de populaire une manifestation de masse

1. Intégrant un certain nombre de comptes doubles, des manifestants en région étant ensuite « remontés » sur la capitale pour se joindre au rassemblement du 11.

2. Des fêtes de la Fédération de 1790 aux manifestations en faveur du mariage pour tous, en passant par le Front populaire ou Mai 68.

3. Des fêtes de la Victoire de 1919 aux manifestations contre le mariage pour tous, en passant par le 30 mai 1968 ou les manifestations pour l'école privée de 1984.

socialement hétérogène — ou bien, ce qui ne serait pas plus mal, à y renoncer tout à fait, parce que cette catégorie est purement rhétorique. À cet égard les productions symboliques de Janvier 15 sont, à tout prendre, plus socialement « représentatives » de la population française que, par exemple, les grandes manifestations des séquences 1934-1936, 1944-1946, 1958-1962 ou 1968, ce que confirme le sondage Harris Interactive pour LCP publié le 16 janvier[1] : surreprésentation de la gauche, des seniors, des diplômés, des cadres et professions libérales mais aussi représentation à peu près exacte des ouvriers (20 %). Le critère de clivage apparaît ici moins classiste qu'idéologique : 42 % des sympathisants socialistes affirment avoir manifesté, contre 16 % des sympathisants UMP, et la principale force politique « abstentionniste » n'est pas l'extrême gauche mais l'extrême droite : 43 % des électeurs de Marine Le Pen en 2012 déclarent ne jamais avoir eu l'intention de manifester. Ce qui reste de dimension classiste s'imprime à l'inverse des hypothèses de l'extrême gauche non manifestante puisque parmi ces électeurs « bleu marine » figurent 35 % des ouvriers français[2].

Au reste, la recherche de la spécificité symbolique doit se porter moins sur les acteurs que sur leur jeu. Le grand nombre de participants et l'absence d'encadrement par des forces politiques traditionnelles (partis et syndicats) ont souvent généré — ce fut en particulier le cas lors des 7 et 11 janvier parisiens — une direction sans déroulement, malgré l'établissement d'itinéraires orientés, à la manière

1. Enquête réalisée en ligne du 12 au 13 janvier 2015. Échantillon de 1 203 personnes représentatif de la population française âgée d'au moins dix-huit ans.

2. La dernière année d'une surreprésentation des ouvriers dans le vote de gauche est celle de la présidentielle de 1995, où ils sont cependant déjà 30 % à voter pour Jean-Marie Le Pen.

habituelle — à Paris le 11 trois variantes principales, faisant converger trois cortèges depuis la place de la République et ses alentours jusqu'à la place de la Nation. Venus pour défiler, les manifestants, souvent, piétineront, ajoutant à la signification affichée la signification politique « manifestée » par la forme : un rassemblement, plus encore qu'une marche, un recueillement, plus qu'une revendication. Le sondage Harris déjà cité confirme cette caractérisation. Parmi les termes mis à disposition des sondés, le ressort de la « peur » est très faiblement choisi et — surtout — se révèle bien moins souvent mis en avant que par les non-manifestants (9 % contre 14 %), parmi lesquels on a déjà noté que la sensibilité Front national est surreprésentée. A contrario la « défense des valeurs fondamentales de la République et notamment de la liberté d'expression » recueille 81 % d'accords comme ressort mobilisateur chez les sondés ayant manifesté. L'objection, d'esprit je-ne-suis-pas-charlie, suivant laquelle il s'agit là d'une adhésion aux slogans n'a aucun sens puisqu'elle n'est pas propre à ces rassemblements : le sondage vérifie tout simplement l'accord des manifestants avec le système de valeurs qui les conduit à manifester, c'est-à-dire l'objectif que rêvent d'atteindre tous les militants, à commencer par ceux qui ont milité contre le fait de manifester.

Considérés sous l'angle de l'emblématique, les rassemblements en question se caractériseront par un degré exceptionnel de liberté d'affichage là où — on ne le souligne guère, d'ordinaire — la logique de la manifestation sacrifie communément cette liberté aux principes jugés supérieurs de l'union, voire de l'unité (toujours), de la fraternité et de l'égalité (souvent). L'identification à des victimes libertaires, la focalisation sur la liberté d'expression mais, surtout, l'absence d'encadrement par les organisations dont le rôle social est de symboliser les valeurs expliquent l'imagination emblématique qui fera se côtoyer — sur fond d'une masse de corps sans affichage spécifique — des drapeaux nationaux (français surtout, mais aussi algérien, kabyle, tunisien, marocain, syrien, israélien, ukrainien...)[1], d'innombrables déclinaisons du slogan «Je suis Charlie» («Je suis juif», «Je suis musulman», «Je suis athée», «Iran est Charlie»...), d'innombrables déclinaisons de la forme crayon ou encore, en matière d'emblématique sonore, des reprises de *La Marseillaise*, le cri «Liberté!», la formule «*I have a dream*»... La présence insolite de l'affichage d'inscriptions du style «Je suis flic», en relation avec l'assassinat de trois policiers «dans l'exercice de leurs fonctions», sera soulignée par plusieurs observateurs. Aux analystes du futur on suggérera aussi de repérer les variantes locales, comme à Toulouse la reprise du «*No pasarán!*» des républicains espagnols. Toutes ces caractéristiques peuvent se résumer en un constat, celui de l'émergence, en ce vieux pays de tradition catholique-étatique, d'une forme symbolique inédite: la manifestation de masse d'individualistes.

Il n'est pas jusqu'aux funérailles des morts de *Charlie Hebdo* qui n'aient été l'occasion de «manifester», de manière individualisée, le non-conformisme et l'hédonisme des victimes: ambiance rock à Pontoise pour Charb, ambiance jazzy, pop et chanson française pour Tignous au Père-Lachaise, avec un cercueil recouvert de dessins, de graffitis et de signatures. La rue Nicolas-Appert, les grilles du 62 boulevard Richard-Lenoir, la place de la République accueillent dès le premier soir des reposoirs improvisés où s'accumulent fleurs, bougies, dessins, autocollants et autres ours en peluche. Sur le modèle du mouvement de monu-

1. Les observateurs ne signalent pas de drapeaux européen ou onusien.

mentalisation spontané qui, à partir de 1997, a transformé le sens du monument américain de la place de l'Alma, érigé huit ans plus tôt, en symbole commémoratif de la mort accidentelle de la princesse Diana, la statue des frères Morice est ainsi devenue en sous-œuvre un lieu de mémoire de Janvier 15, dont un collectif, créé pour l'occasion (17 Plus Jamais), s'est institué le veilleur, photographiant, nettoyant, plastifiant les objets commémoratifs, en attendant que la Ville de Paris ne prenne, comme Anne Hidalgo l'a annoncé, l'initiative d'une monumentalisation pérenne.

Dans la foulée, ces lieux de mémoire sont devenus des enjeux, objets de débat et cibles de vandales diversement inspirés, bref des objets vivants, à l'image d'une cristallisation symbolique paradoxale, exprimant de manière ludique une sensibilité funèbre. On devine peut-être ce que serait, ce qu'aurait pu être l'inverse de cette proposition. L'association de l'allégresse et de la mort dans un rituel a un nom technique bien précis : c'est ce qu'on appelle un pogrom. La culture politique française, si critiquée et si évidemment en crise, a, dans des conditions de température et de pression exceptionnelles, produit cela : au lieu de la solution simple du bouc émissaire, l'efficace illusion de la fraternité.

9
« Je (ne) suis (pas) Charlie »

Qu'on en approuve ou pas les mots d'ordre, les manifestations des 7, 10 et 11 janvier frappaient, on vient de le voir, par leur ampleur sans précédent. Cette ampleur est un constat qui ne pourra pas être remis en cause par les historiens futurs, quelle que soit la lecture qu'ils en donneront. En revanche deux remises en cause seront toujours possibles, car elles sont, elles, non pas du ressort de l'observation factuelle, vérifiable par les instruments ad hoc, mais du ressort de l'idéologie. Elles sont au reste, on le verra, liées entre elles mais il importe de ne pas les amalgamer, ce qui serait, à son tour, idéologique. Au reste, seule la première est une remise en cause ; la seconde s'apparenterait plutôt à une remise en question. La première émergea dès le soir du 11, sous la forme du contre-slogan de Dieudonné : « Je suis Charlie Coulibaly. » La seconde, présente elle aussi dès les premiers jours, se cristallisa dans l'ouvrage, très lu et très commenté, d'Emmanuel Todd, *Qui est Charlie ?*, présenté par son auteur comme la *sociologie d'une crise religieuse*. La première est intéressante parce qu'elle n'est qu'une fenêtre précocement ouverte sur une position qui s'étend bien au-delà d'une personne — fût-elle une personnalité —, celle de tous ceux qui, dès ce moment, affichèrent, par des moyens divers, qu'ils «n'étaient pas Charlie». La seconde est intéressante parce qu'Emmanuel Todd est un savant inclassable en termes de discipline — démographe de métier, il se présente significativement pour ce livre comme historien et anthropologue —, et que pour cette raison il n'a jamais été totalement reconnu par ses pairs — puisqu'il n'en a pas. La sympathie d'au moins une personne — le signataire de ces lignes — lui est donc acquise a priori. Ce n'est pas cependant lui faire injure que de dire que les 247 signes du «statut» de Dieudonné[1] pèsent plus lourd que les 246 pages de son livre, écrit, nous dit Todd, «en trente jours sec»: la plupart des lecteurs du statut ne liront jamais Todd. C'est d'ailleurs pour cela que Todd a écrit son livre.

1

Commençons donc par le texte le plus lourd de conséquences: «Après cette marche historique, que dis-je… légendaire! Instant magique égal au Big Bang qui créa l'Univers!… Ou dans une moindre mesure (plus locale) comparable au couronnement de Vercingétorix, je rentre enfin chez moi. Sachez que ce soir, en ce qui me concerne, je me sens Charlie Coulibaly.»

Le message de Dieudonné fut interprété — et d'abord par la justice française: deux mois de prison avec sursis — comme une assimilation à un multi-assassin ayant tiré sur des «juifs» parce qu'ils étaient juifs. Dans la mesure où il fut repris à leur compte par de nombreux internautes — même

1. Et non 140. Ce n'est pas un tweet mais un statut Facebook, doublé sur Twitter.

si, par ailleurs, nombreux furent aussi les admirateurs de Dieudonné qui ne le suivirent pas jusque-là —, il reposait sur une série de présupposés dont on peut penser qu'ils furent ceux d'Amedy Coulibaly :

— que fréquenter un hypermarché cacher fait ipso facto de vous un juif,

— qu'un juif est une entité spécifique, distincte radicalement d'un non-juif — pas de place ici pour aucun métissage, mariage mixte, etc. ; les ethnies sont refermées sur elles-mêmes,

— qu'un juif, où qu'il soit, d'où qu'il vienne, est ipso facto solidaire de l'État d'Israël ;

— que l'État d'Israël se résume à son gouvernement ;

— que la société israélienne se résume à son État ;

— que la société israélienne veut l'expulsion, l'éradication, la mort des non-juifs ;

— qu'un juif est ipso facto l'ennemi d'un musulman ;

— qu'un musulman est ipso facto l'ennemi d'un juif ;

— qu'on est légitimé à faire justice soi-même ;

— qu'on est légitimé à tuer qui que ce soit.

Ce texte et les milliers d'autres analogues qui fleurirent sur Internet pouvaient donc passer pour l'« apologie du terrorisme » de l'inculpation. Notons au passage que le système de défense de Dieudonné n'a pas essayé de prétendre que le jeu de mots Charlie / Coulibaly entendait dire que son auteur était lui-même partagé, métis culturel et métis idéologique, à la fois Charlie — humoriste sympathisant des humoristes assassinés — et Coulibaly — frère de sang d'un Africain en « fight » avec les classes dominantes : la lourde ironie du début du texte à l'égard des manifestants qui venaient de défiler — et qui, pour beaucoup, manifestaient encore à 20 h 34 — (« Big Bang » : leur emphase ; « couronnement de Vercingétorix » : leur nationalisme borné) ne laissait guère de doute sur l'absence de solidarité de son auteur avec les «Charlie».

Le double canal du message Dieudonné, son commentaire sur la Toile ne sont que des preuves parmi tant d'autres de l'importance des réseaux sociaux — ceux-là mêmes qui, dans un premier temps, avaient beaucoup compté dans la mobilisation des 7, 10 et 11. L'agora d'aujourd'hui est d'abord, au quotidien et en temps réel, sur Internet. Reste que le je-ne-suis-pas-Charlie s'est essentiellement exprimé sur ce terrain. Il ne s'est pas exprimé dans la rue, largement occupée par les «Charlie». Ce simple constat signe déjà une marginalisation, c'est-à-dire, sur le court terme, un échec politique. Internet n'est en effet aucunement «la voix du Peuple» puisque ce qui caractérise cette voix ce n'est pas son énormité (je suis légion) mais, au contraire, son éclatement (je suis moi, et je le dis) et sa dissidence (on m'empêche de m'exprimer, c'est pour ça que je m'exprime).

Examinée au fond, cette dissidence représente cependant une sensibilité non négligeable au sein de la société française, celle qui contre-manifeste virtuellement en brandissant la contre-pancarte «*Not in my name*»: je ne manifesterai pas derrière les dirigeants d'un monde qui n'est pas le mien, derrière des xénophobes anti-immigrés, derrière des Blancs racistes, derrière des islamophobes, derrière des ennemis du Prophète. On devine que tous ces cercles de l'enfer peuvent être distingués dans l'argumentaire de chacun des intervenants; ils sont cependant le plus souvent associés, au prix parfois d'une grande ambiguïté idéologique, surtout sensible sur la question de la place à accorder dans ce discours à la religion. Il est évident qu'il y a a priori un grand écart idéologique entre les voix issues, au moins à l'origine, de l'extrême gauche et celles issues, plus récemment et en plus grand nombre, du salafisme.

La lecture des sites, blogs et autres forums confirme qu'Internet permet les assemblages les plus complexes, les juxtapositions les plus contradictoires, et, pour finir, toutes les formes possibles de cacophonie.

Ce qui ne fut pas cacophonique, en revanche, c'est le vrai débouché du not-in-my-name sur un troisième espace, celui auquel, une fois de plus, la France révélait accorder une grande place, sans doute beaucoup plus grande que celle qui lui est accordée dans la plupart des autres pays : l'école. Si l'objection remonta si vite vers les médias plus classiques (sites électroniques de la presse écrite, presse écrite, radio, télévision...), c'est que la dissidence eut quand même l'occasion de se « manifester » à un moment précis, dès le 8 janvier, à l'occasion des minutes de silence en hommage aux morts de la veille, décidées par le ministère de l'Éducation nationale dans l'ensemble des établissements scolaires publics. On disposera sans doute un jour d'archives permettant de mesurer l'ampleur des cas de refus, argumentés ou pas, du respect desdites minutes. Les centralisations connues des inspections d'académie confirment le caractère quantitativement très minoritaire de ces manifestations de dissidence, à la fois en nombre d'établissements et d'élèves concernés. C'est l'impact symbolique qui marqua les esprits, ces comportements étant à contre-courant de l'émotion prédominante. Significativement, l'information, donc la prise de conscience, ne commencera à circuler qu'à partir du début de la semaine qui a suivi les « événements » — dont ils firent désormais partie —, c'est-à-dire après la mobilisation du week-end. L'analyse des cas concrets confirme la quasi-inexistence sur ce terrain d'une dissidence d'extrême gauche, les propos justificateurs mettant en avant, sans séparation nette, la question israélo-palestinienne et la défense de l'islam insulté.

Signalons à ce propos le travail de pédagogie mené à bien à cette occasion dramatique par nombre d'enseignants et aussi — mais on parle traditionnellement moins d'eux — par un grand nombre de chefs d'établissement et de conseillers d'éducation.

2

Que la sensibilité je-ne-suis-pas-Charlie ait été nettement minoritaire, c'est ce que sembla, au reste, confirmer l'accueil qui fut fait dans les médias — au moins là aussi les médias traditionnels — au livre d'Emmanuel Todd : un accueil entre le réservé et l'hostile, pendant que le public s'empressait d'acheter l'ouvrage, assez vite présenté comme la première synthèse de quelque ambition intellectuelle sur Janvier 15. Les lecteurs familiers de l'œuvre y retrouvaient deux traits présents dans la plupart des livres du même auteur, quoique pas toujours associés : d'une part l'administration de la preuve par le recours aux indices démographiques et, surtout, à une cartographie des systèmes familiaux («des familles échangeant des conjoints sur un territoire»), au reste évolutive de livre en livre, de l'autre la vivacité critique du petit-fils de Paul Nizan.

Le ton du pamphlétaire circule à travers tout l'ouvrage. L'acteur social qui s'y trouve stigmatisé, le Charlie des marches républicaines des 10 et 11 janvier, puisque c'est de lui qu'il s'agit, y est, parmi bien d'autres exemples, défini en ces termes : «cette classe moyenne confite de bonne conscience qui a, par son égoïsme et son mépris, autorisé le pourrissement au bas de la société française et qui persiste, jour après jour, à condamner des catégories entières à la relégation sociale dans laquelle elles auront tout loisir de recuire leur frustration et leur rage» (p. 220). Ce ton, qui ne peut pas être séparé de l'argumentaire présenté comme scientifique, entre nécessairement en collision avec l'armature quantitative et géographique qui, dans les premiers chapitres du livre, est supposée asseoir la démonstration, avec tableau de l'«intensité des manifestations» ou autre «série statistique des personnes placées sous main de justice». La conclusion de la partie positiviste de l'ouvrage joue sur le paradoxe renversant: «Nous avons révélé que la droite et l'extrême droite étaient souterrainement liées par un fond anthropologique égalitaire, nous constatons maintenant que la gauche et l'extrême gauche sont associées l'une à l'autre par l'entremise de la valeur d'inégalité» (p. 176), tour de force qui réjouit l'auteur: «À défaut d'une consolation d'ordre religieux ou idéologique, nous pouvons puiser dans cette folle symétrie un sentiment de bien-être d'ordre esthétique.»

On voit, par cette seule citation, que la thèse ne peut se soutenir qu'avec l'aide de figures et de concepts indigènes, tel celui, beaucoup mis à contribution, de «catholicisme zombie», forgé pour les besoins d'un livre précédent — élargi en «bloc MAZ: classes Moyennes, personnes Âgées, catholiques Zombies» —, le tout animé par une éloquence systématique qui rappelle les grands fabricants de systèmes du XIXe siècle, façon Auguste Comte. La finalité de l'exercice est de permettre, avec de tels instruments, de démontrer à la page 176 ce que l'on veut, dès la première page, démontrer. Sous les apparences du statisticien, Todd est un penseur politique, doublé d'un écrivain sans cesse tenté par le pamphlet, une sorte de Karl Marx sans ligue communiste derrière ou devant lui. Comme Marx, au reste, il est perpétuellement partagé entre le fatalisme de cette «prise du pouvoir idéologique et politique par des régions et des classes prédisposées à l'inégalité, provinces catholiques zombies ou strates sociales supérieures», fondé, on le voit, sur la croyance en des «prédispositions», et la nécessité où il se trouve, de livre en livre et sur trente-cinq ans de production[1], de réajuster sans cesse sa théorie en fonction de l'évolution politique — où l'on retrouve une variante de la course évoquée plus haut: Todd, marqué par la lucidité de son analyse initiale de la «chute finale» de l'Union soviétique, écrit a posteriori le livre savant qui annonce ce qui vient de se passer mais la complexité de ses thèses, souvent jouissivement paradoxales, le paralyse au moment de passer au prophétisme — ce dont témoigne la seconde partie de son livre.

Ce n'est pas ici le lieu de discuter la thèse — ou, plutôt, chemin faisant, les thèses de ce livre à double ou triple fond qui, en effet, détricote de la page 183 à la page 243 une partie de ce qu'il a tricoté précédemment. À d'autres analystes le soin de confirmer, nuancer ou renverser l'appareil de scientificité de la démonstration — de discuter, par exemple, de telle ou telle taxinomie (Quimper et Toulouse sont-elles à classer dans la même catégorie des «villes d'imprégnation catholique»?), d'interroger la nature exacte de la rémanence catholique zombie, la géographie de systèmes familiaux, chaque jour plus intriqués sur un même territoire, au quartier, à la rue et à l'étage près, la réduction idéologique au rapport à l'égalité, etc. Sans doute la faiblesse de la lecture toddienne tient-elle à une contradiction insurmontable — en tous les cas présentement insurmontée — entre sa sociologie, au reste non reconnue par le milieu, et la société: un moteur déterministe fondé sur

1. On fait partir ce décompte non de *La Chute finale* (1978) mais de *L'invention de la France* (coécrit avec Hervé Le Bras, 1981).

des appartenances collectives — et une France de 2015 caractérisable par son fonctionnement individualiste — y compris, on l'a vu, dans le choix de l'islamisme et/ou du terrorisme. Confronté au terrain non des systèmes à évolution séculaire mais des manifestations de Janvier 15 (c'est l'objet déclaré du livre: qui est donc Charlie?), on perçoit ainsi un net déphasage entre l'interprétation du savant, qui pose ses cadres interprétatifs préétablis, avec les mots d'ordre et le déroulement des marches républicaines en question qui non seulement disent autre chose mais, surtout, se situent sur un tout autre plan qui est, pour le coup, anthropologique et politique: deux lectures en fait absentes du livre.

L'absence d'«observation participante» conduit l'auteur à ne pas vouloir voir la tonalité recueillie — et non ostentatoire —, irénique — et non polémique —, inclusive — et non exclusive — des marches républicaines, dont, plus justement, Régis Debray pointera la dimension de «communion laïque»[1], non plus que la sociologie de ces foules, en particulier leur mélange des classes d'âge et aussi des cultures politiques, des traditions manifestantes et non manifestantes. Outre que, même très minoritaires, les «Blacks» et les «Beurs» ne furent pas absents, et «manifestèrent» nettement leur présence, la surreprésentation de certaines catégories sociales n'a rien d'original. D'une part, la notion de «classes moyennes» est aujourd'hui la plus agrégative qui soit et, d'autre part, au moment du Front populaire comme de Mai 68 des pans entiers, considérables, de la société française ne manifestaient pas — tels les paysans en 36 ou les immigrés, justement, en 68. Au reste — et c'est ici qu'intervient la lecture proprement politique

1. *Medium*, 43, avril-juin 2015.

— à aucun moment de l'histoire d'un pays un «peuple» n'est descendu dans la rue. Les fêtes révolutionnaires ne «fédéraient» pas les royalistes, les liesses de la Libération ne pouvaient aucunement concerner les «collabos». Toutes les grandes révolutions fondatrices de la modernité ont, pour aboutir à «*We, The People*», dû se définir par rapport à ceux qui en refusaient les valeurs. La révolution américaine elle-même s'est faite contre un fort parti de «loyalistes». Dans le *Prendre dates* qu'il écrira dans les semaines qui suivent avec Mathieu Riboulet, l'historien Patrick Boucheron raconte comment, ayant participé au premier rassemblement, celui du 7, il s'est réveillé la nuit suivante, soudain écrasé par le constat qu'«il en manquait, il en manquait vraiment beaucoup». Ce constat ne signifiait pas qu'il découvrait avec horreur qu'il avait été instrumentalisé par des catholiques zombies mais, bien au contraire, qu'il restait du travail à faire pour éviter «la continuation du pire». Pour le reste, on renverra au sondage Harris cité dans le chapitre précédent, qui conduit à des conclusions exactement inverses de celles de Todd, qu'il s'agisse de la composition sociale ou de la composition idéologique des manifestants: apparemment l'administration de la preuve n'est pas la même.

Au-delà, on se permettra de proposer ici une distinction, sans doute pas inutile, entre le politique et l'idéologique. Ce dernier est le lieu des systèmes de représentations, au reste réduit chez Emmanuel Todd à un positionnement sur l'échelle du rapport à l'égalité; le politique, lui, croise cette lecture avec la prise en considération des rapports de forces (dans l'espace) et des alliances (dans le temps). L'alliance improvisée à chaud des marches républicaines permit assurément la convergence de plusieurs familles politiques, mais en quoi, là aussi, est-ce nouveau? Le Front populaire s'est caractérisé par sa capacité à faire défiler ensemble au moins trois familles politiques, la veille encore adversaires, voire ennemies — c'est, au reste, pour cela qu'il a gagné les élections. Les mots d'ordre des marcheurs de Janvier 15 — dont on vient de voir, dans le chapitre précédent, l'inédite légèreté —, ramenés à l'essentiel, convergeaient sur la liberté d'expression, la laïcité et le vivre-ensemble. Là aussi, rien que de normal : un mot d'ordre se doit d'être fédérateur. Mais, outre que défendre le droit au blasphème — ce qui fut explicite dans les défilés — ou, comme à Toulouse, brandir le « *No pasarán !* » semble assez éloigné d'une culture catholique même zombifiée, qu'aurait donc conclu Emmanuel Todd si les marcheurs avaient marché autour de mots d'ordre fédérateurs contre l'islam, pour le rétablissement de la peine de mort et pour une intervention armée au Proche-Orient ? Une bonne partie de l'énergie mise par l'auteur à critiquer la notion, excluante, de communauté musulmane tombe à l'eau si les manifestants des marches en sont, précisément, d'avance convaincus. S'ils ont manifesté c'est justement parce qu'ils refusaient un monde d'enfermement dans l'identité. Et c'est là que la démarche toddienne est contradictoire : en rejoignant le camp des abstentionnistes des marches il rejoint sans le vouloir la majorité des je-ne-suis-pas-Charlie qui raisonnent, eux, au contraire de lui, en termes (positifs) de communauté, puisque c'est à partir de ce présupposé qu'ils peuvent dénoncer une « islamophobie ».

3

Cette notion est capitale puisque, on l'a déjà évoqué, elle fédère deux familles, si opposées, au moins en apparence, sur les autres plans. Une petite minorité d'extrême gauche, dernier témoignage d'une démarche antiraciste nourrie un peu par la Seconde Guerre mondiale et beaucoup par la lutte anticolonialiste, rassemble contre cet adversaire des troupes de plus en plus clairsemées : quelques partis politiques de vieille extraction, très affaiblis (PCF, NPA...), quelques organisations elles-mêmes en déclin, comme le Mouvement contre le racisme et pour l'amitié entre les peuples (MRAP) ou le jeune Parti des indigènes de la République (PIR). Le rejet automatique des réflexes d'extrême gauche se manifesta particulièrement dans la pétition «Non à l'union sacrée», reprenant l'argument utilisé par les pacifistes de 1914 — argument repris tel quel en 1938 pour refuser d'engager une guerre contre l'impérialisme (et le racisme) hitlériens : l'unité du 11 janvier était une mystification, destinée à «désamorcer les colères sociales». Il rencontra plus d'écho — du côté des libéraux de gauche — dans le développement d'une active campagne dénonçant la «dérive» voire la «guerre» «sécuritaire». Là aussi des contradictions se firent sentir au sein de la nébuleuse des associations d'extrême gauche. Ainsi plusieurs associations féministes ordinairement proches de ces mouvements refusèrent-elles de rejoindre un meeting organisé le 6 mars — deux jours avant la Journée internationale des femmes — «contre l'islamophobie», au motif que l'appel associait à ATTAC ou au NPA des organisations musulmanes connues pour leur engagement contre le droit à l'avortement ou le mariage pour tous.

Une forme particulièrement violente de ce combat anti-islamophobe s'exprime à travers le PIR dont la porte-parole, Houria Bouteldja, s'illustrera en 2015 en lançant une campagne — et une formule — nouvelles : la lutte contre «le philosémitisme d'État». La même organisation avait été en 2011 à l'origine d'une pétition d'un style particulier : non pas de soutien à des artistes, des intellectuels ou des anonymes de culture musulmane victimes de ladite islamophobie, mais de non-soutien à *Charlie Hebdo* qui venait pourtant d'être victime d'un attentat — un cocktail Molotov jeté dans ses locaux, qui avait totalement détruit la rédaction. Cette pétition « Pour la défense de la liberté d'expression, contre le soutien à *Charlie Hebdo* » comprenait un chapitre concluant « qu'il n'y a pas lieu de s'apitoyer sur les journalistes de *Charlie Hebdo*, que les dégâts matériels seront pris en charge par leur assurance, que le *buzz* médiatique et l'islamophobie ambiante assureront certainement à l'hebdomadaire, au moins ponctuellement, des ventes décuplées ». Devant ces positions radicales et cette histoire agitée, la comparaison s'impose non seulement avec la tradition de querelle idéologique et de fractionnement organique de l'extrême gauche, particulièrement perceptible en France dans les années qui suivirent Mai 68, mais aussi — risquons ici une remarque contre-intuitive — avec celle de l'extrême droite de l'entre-deux-guerres, dont les « ligues » présentent des modes de fonctionnement interne, de positionnement externe et de structuration du discours tout à fait analogues : l'affrontement des idéologies et l'éloignement, parfois mais pas toujours, des sociologies n'enlèvent rien à l'analogie, bien au contraire.

Encore est-on ici devant un paysage certes éclaté mais où subsiste un reste de vie collective. Au XXIe siècle, les comportements dissidents se caractérisent d'abord par l'étendue, en proportion, de la réappropriation individuelle du message non conformiste. Si, d'un côté, divers sites et associations islamistes, généralement basés à l'étranger, poursuivaient post mortem l'attaque en règle contre les assassinés, dès la fin de matinée du samedi le #jenesuispascharlie avait été retweeté 41 580 fois — chiffre qu'il faut, au reste, rapprocher des quatre millions et demi de retweets de #jesuischarlie déjà enregistrés la veille à 19 heures[1] : un rapport d'un à cent.

Au-delà de ces cas limites c'est la thématique de l'islamophobie qui montrait à la fois son ambiguïté et son équivoque. L'ambiguïté tient à la confusion que la notion entretient entre hostilité aux musulmans et hostilité à la religion islamique. Assimiler les deux c'est assimiler Gotlib plaisantant sur Moïse à un antisémite ; c'est, surtout, réintroduire la notion de blasphème dans le droit en assimilant le blasphème à un acte raciste. Et c'est là qu'on passe à l'équivoque, puisque le concept d'islamophobie, utilisé erratiquement depuis un siècle, n'a pris son essor qu'après le 11-septembre — l'entrée du terme dans les dictionnaires de langue française se situe aux alentours de 2005 — et cherche à établir une symétrie avec celui d'antisémitisme, auquel certains commencent par ailleurs, on le verra, à préférer le plus exact «judéophobie». Mais la symétrie n'est pas pertinente, la notion religieuse d'islam n'étant pas symétrique de la notion ethnique de Juif — sauf à admettre que toute personne descendant de parents et d'ancêtres pratiquant la religion musulmane appartient automatiquement à la religion musulmane, ce qui serait l'aveu d'une assignation à identité religieuse contre laquelle s'est justement construite la modernité politique. C'est ce qu'argumente l'un des assassinés du 7 janvier, Charb, dans sa *Lettre aux escrocs de l'islamophobie qui font le jeu des racistes*, publiée après sa mort, où il entreprend de justifier à la fois la méfiance à l'égard de la religion musulmane («Avoir peur de l'islam est sans doute crétin, absurde et plein d'autres

1. Référence : site Topsy.com.

choses encore, mais ce n'est pas un délit») et l'hostilité au terrorisme islamiste comme terrorisme, contre l'argument des anti-islamophobes affirmant qu'on n'autorisait pas à l'islamisme ce qu'on admettait pour le sionisme: «En 1931, existait-il un terrorisme international qui se réclamait du judaïsme orthodoxe? [...] Un rabbin Ben Laden avait-il envoyé un biplan s'écraser contre l'Empire State Building?»

Un point commun réunit la petite minorité des je-ne-suis-pas gauchistes et la grande cohorte des je-ne-suis-pas islamiques et islamistes: la conviction que l'intégration — et même, plus largement, le «modèle français d'intégration» — serait en panne, voire n'aurait jamais fonctionné pour les musulmans, qui seraient ainsi victimes d'une discrimination aggravée du fait de leur religion. La force de cette argumentation ne repose pas sur les observations empiriques, qui continuent à montrer qu'en termes scolaires et économiques cette intégration se poursuit, par-delà la crise économique, mais de sa situation en miroir du discours xénophobe, qui postule l'enfermement identitaire et spécule sur le particularisme musulman — où l'on retrouve l'argumentaire utilisé par les antisémites sur la nature «inassimilable» des juifs dans une société chrétienne. Pour aller là-contre il suffit de lire sous cet angle, dans l'immédiat, l'événementiel de Janvier 15, tout comme son discours. La première lecture conduit à observer que parmi les douze assassinés du 7 janvier figuraient deux «Français de culture musulmane», soit une proportion double de celle qu'ils représentent dans la population française. La seconde extraira, à titre d'exemple, cette citation d'un livre sorti en 2015, où l'auteur affirme que «les Beurs des banlieues sont français et ont déjà, en termes de mœurs, fait les neuf ou les dix dixièmes du chemin vers une conception égalitaire des statuts de l'homme et de la femme» (p. 215). On aura sans doute reconnu Emmanuel Todd, coauteur en 2007, on l'a vu, d'un ouvrage prophétisant, en se fondant sur un gros appareil statistique, *Le rendez-vous des civilisations*. Sans doute, au fond, Emmanuel Todd est-il plus Charlie qu'il ne le dit, un Charlie contrarié.

10
Hyper Cacher

Absente explicitement de l'attentat du 7 janvier, la dimension antijuive, qui est l'une des composantes de l'islamisme, radical ou non, sera prise directement en charge non pas par les deux assassins d'origine arabe mais par le troisième, d'origine malienne. Qu'Amedy Coulibaly soit aussi des trois celui qui, suivant un schéma évoqué précédemment, est passé par une expérience délinquante et criminelle n'est sans doute pas négligeable. Ce point renforce paradoxalement la lecture politique de cette conversion à l'islamisme radical. L'académie radicale d'où sortira le trio — puisque Coulibaly coordonne son action en fonction du premier coup, porté par les frères Kouachi — est en effet sise à Fleury-Mérogis, où Coulibaly se transforme en islamiste sous l'influence d'un maître, Djamel Beghal, qui est dans le même temps et le même lieu celui de Chérif Kouachi. La lecture politique s'impose ici une fois de plus puisque si Coulibaly est, jusqu'à cette incarcération, un braqueur multirécidiviste, Beghal et Kouachi sont en prison pour une activité terroriste — à laquelle Saïd Kouachi se trouve de son côté déjà associé. Le sens de la propagande de Coulibaly est démontré dès le début de sa conversion et jusqu'au-delà de sa mort par son usage des médias audiovisuels : en 2009 il est l'un des fournisseurs d'images d'un documentaire sur les prisons françaises diffusé par l'émission de télévision *Envoyé spécial*, en 2015 il tourne une « vidéo de revendication » avant de passer à l'action. L'objectif antijuif est chez lui patent puisque avant l'hypermarché cacher de la porte de Vincennes, tout laisse à penser qu'il s'apprêtait à commettre à Montrouge un attentat contre une école juive[1]. Coulibaly aurait alors pris pour modèle le Mohammed Merah de 2012, dont on notera qu'il a suivi le même cheminement que lui, puisqu'il s'agissait aussi d'un délinquant multirécidiviste ayant trouvé en prison son chemin de Damas et qu'il avait pris soin de commettre ses trois attentats sous l'œil d'une caméra GoPro — matériel utilisé par Coulibaly.

La mise en scène sanglante de l'Hyper Cacher — accompagnée, ce qui la distingue de celles de Merah et des Kouachi, d'une prise d'otages — provoque un double choc : d'une part, simultanée du siège final des assassins du mercredi, à Dammartin-en-Goële, elle donne aux événements une dimension de complot synchronisé propre à accentuer leur image de puissance ; de l'autre, elle fait surgir à la surface la « question », non pas juive, mais antisémite[2] — puisque la première n'existe que parce qu'elle est créée par la seconde.

1. Peut-être a-t-il été détourné de son projet par l'accident de la circulation qui fit intervenir la policière Clarissa Jean-Philippe. Membre de la police, noire et femme : triple exécration pour Coulibaly. Madame Jean-Philippe a peut-être, par sa seule présence, empêché une répétition de l'attentat de Toulouse.

2. On reprend ici l'adjectif forgé par les antisémites eux-mêmes, ce qui n'est pas sans poser bien des questions. On sait que la notion, linguistique, de « Sémites » réunit, entre autres, juifs et arabes. On utilisera à dessein le terme « antijuif », réservant celui d'« antisémite » à la production intellectuelle justificatrice des actes antijuifs. Le développement de ce point mériterait un ouvrage spécifique.

1

Lors des manifestations des 10 et 11 janvier — dont on rappellera qu'elles se sont déroulées sans mot d'ordre défini officiellement —, mention explicite sera faite de cette dimension, à travers des badges et des pancartes «Je suis juif», aux côtés de «Je suis Charlie» et autres «Je suis musulman» ou «Je suis flic»[1]. Le 11 janvier, en fin d'après-midi, François Hollande et Manuel Valls, après avoir participé symboliquement au rassemblement de Paris, rejoignaient la synagogue de la rue de la Victoire, où le Consistoire central organisait une cérémonie «en hommage à toutes les victimes». Malgré tous ces signes de deuil en commun des voix s'élèveront pour se plaindre d'une différence de traitement: les manifestants du samedi et du dimanche, les médias, les hommes politiques et les intellectuels auraient minoré la place des victimes «Hyper Cacher» en comparaison de celle accordée aux victimes «Charlie». Le lendemain de l'attentat, Daniel Cohn-Bendit répond à la journaliste Annette Lévy-Willard: «Il faut reconnaître que Clémentine Autin, la première, a tout de suite tweeté: "Aujourd'hui je suis Juive." Il faut que les médias français disent aujourd'hui "Quatre juifs massacrés." Quand la télé allemande m'a appelé vendredi soir, pour que j'analyse les terribles événements, le journaliste allemand m'a demandé: "Vous pouvez m'expliquer pourquoi il n'y a pas eu de grande mobilisation après les massacres d'enfants juifs par Merah?" Silence. Alors je lui ai dit: "Je passe..." À Vincennes ou République,

1. Ces quatre identifications associées sont, par exemple, mises en avant par Antoine de Caunes dans sa contribution du 10 janvier au blog du *Huffington Post* — donc avant même la grande marche parisienne.

vendredi soir, il n'y a pas eu de bougies ou de manifestations populaires après la tuerie à l'épicerie casher[1] ».

Cette thématique pouvait réactiver chez certains juifs de France une lecture suivant laquelle ce pays n'aurait toujours pas soldé son rapport à ladite question juive, rapport réinterprété à la lumière des deux moments de visibilité antisémite qu'avaient été l'affaire Dreyfus et le régime de Vichy. La force de cette lecture tient paradoxalement à ce qu'elle n'est aucunement contemporaine des deux moments en question, mais entièrement construite à partir du troisième tiers du XXᵉ siècle, se fondant sur les nouveaux enjeux à la fois mémoriaux et politiques des années post-gaulliennes. Vues par les Français de 1906 ou de 1944, il ne s'agissait que de deux parenthèses closes par la défaite des antisémites : réhabilitation de Dreyfus, restauration de la République. En revanche, vu avec le recul à la fois temporel et spatial des années de la guerre des Six-Jours, des procès de la collaboration et de la tardive reconnaissance présidentielle (Jacques Chirac au Vél'd'Hiv', 1995) de la responsabilité de « la France » dans « l'irréparable », le mythe du pays émancipateur et salvateur paraissait terni. Reste que si le malaise exprimé par certaines voix au lendemain des 9, 10 et 11 janvier 2015 pouvait intégrer ce second cycle de la mémoire nationale en la matière, il appartenait déjà et désormais à un troisième cycle, ouvert symboliquement par l'affaire Ilan Halimi (2006) et dont l'équipée de Mohammed Merah représentait la deuxième étape.

Alors que les attentats de 1980 (rue Copernic) ou de 1982 (rue des Rosiers) étaient commandités et exécutés par des étrangers, ces deux épisodes sanglants avaient pour opérateurs des citoyens français « issus de l'immigration ».

1. Blog *Annette sur le Net*, 10 janvier 2015.

Le second cycle mémoriel était encore totalement tourné vers le premier, pour le nuancer ou le contredire, et il se situait par rapport à un antisémitisme « de souche ». Le troisième appartient à une autre conjoncture spatio-temporelle, et le désarroi de certains analystes tient à ce qu'ils ne retrouvent plus les schémas auxquels ils étaient habitués depuis Édouard Drumont — ceux que réactive encore, en solitaire, un Jean-Marie Le Pen, de nouveau traîné devant les tribunaux en juillet 2015 pour contestation de crime contre l'humanité. Alors que la nouvelle « question antisémite » s'appelle au XXIe siècle Dieudonné M'Bala M'Bala ou Alain Soral, autrement dit deux cultures fort éloignées de celle du fondateur du Front national — même si les uns et les autres peuvent puiser, en tant que de besoin, dans un arsenal mythologique en accès libre. 1980 et 1982 annonçaient la suite sur un point : leur source remontait jusqu'au Moyen-Orient (le FPLP de Georges Habache pour le premier attentat, le Fatah-Conseil révolutionnaire d'Abou Nidal pour le second), mais les organisations initiatrices, aujourd'hui respectivement morte et moribonde, renvoient leur logique meurtrière à un passé révolu. L'assassinat, précédé d'une séquestration avec tortures, d'Ilan Halimi appartient clairement à la nouvelle époque. Il reste de forme crapuleuse, les membres du « Gang des barbares » s'étant attaqués à un juif parce que pour eux ce nom était synonyme de richesse. Mais, rétrospectivement, la découverte dans les papiers du gang d'un matériel de propagande salafiste éclaire la dimension politique du crime, au reste sans doute inspiré d'un précédent international, l'enlèvement suivi de tortures et d'un assassinat par Al-Qaïda, en 2002 au Pakistan, du journaliste américain Daniel Pearl — dramaturgie constituant, par ailleurs, un exemple précoce d'utilisation sadique de la vidéo.

La forme achevée du crime antijuif de nouvelle génération — dont Toulouse en 2006, Bruxelles en 2014 (où l'assassin est un Franco-Algérien) et Paris en 2015 — est si semblable qu'elle en devient presque un type : il a trois fois pour auteur direct un enfant de l'immigration issu d'une famille déstructurée, délinquant multirécidiviste converti en prison, qui justifie son acte par référence à la Palestine. L'intrication avec la situation géopolitique au Moyen-Orient — qui mérite plus que jamais d'être ici appelé Proche-Orient — est patente. D'une part, elle relativise la signification française du phénomène : la tuerie commise par Anders Breivik (77 morts, 151 blessés) ou les attentats à répétition aux États-Unis attribuables à des extrémistes, pour ne citer que ces exemples, dessinent le visage d'une violence politique radicale répandue dans tout l'Occident. D'autre part, il faut observer que la France est le pays qui associe à la deuxième plus nombreuse communauté juive du monde hors d'Israël (environ 450 000 membres), la plus nombreuse communauté musulmane d'Europe occidentale (environ 5 millions de membres) — au Royaume-Uni, par exemple, les chiffres ne sont respectivement que d'environ 300 000 et 3 millions.

La phrase qui précède choquera certains lecteurs — français. Elle suppose qu'il y ait deux « communautés » organisées et qu'elles soient, si peu que ce soit, distinctes du « reste » de la population. Ensuite, elle implique qu'on puisse les nombrer, ce qui est doublement discutable : parce que la France refuse les statistiques dites ethniques et parce que ce type de comptage ignore les situations de métissage, non-appartenance, etc. On la maintient cependant car, dans sa difficulté même, elle montre l'état de crise atteint par ce pays, fondé depuis la Révolution sur le refus du communautarisme et plus que jamais tenté d'y recourir si le « vivre-ensemble » ne l'emporte pas. De cette ambiguïté, qui peut, en cas de crise, tourner à l'équivoque, deux événements — ou, plutôt, un événement et un non-événement — apportent témoignage. L'événement est lui-même double ; il tient d'abord dans la présence de Benjamin Netanyahou à Paris, le 11 janvier, moins, au reste, dans sa figuration aux côtés d'une cinquantaine d'autres chefs d'État ou de gouvernement pour un défilé symbolique — la présence de Mahmoud Abbas a été demandée par les autorités françaises — que dans sa présence, cette fois aux côtés de François Hollande et Manuel Valls, à la synagogue de la rue de la Victoire, où une bonne partie de l'assistance lui fait ovation. Il tient ensuite à la conférence de presse qu'il a tenue à Jérusalem juste avant son départ, au cours de laquelle il lance un appel « à tous les juifs de France, tous les juifs d'Europe » : « Israël n'est pas seulement le lieu vers lequel vous vous tournez pour prier, l'État d'Israël est votre foyer. » Quant au non-événement, il tient dans l'absence de toute initiative du président Hollande l'amenant à rendre visite depuis lors, avec la même solennité, à une mosquée, accentuant chez beaucoup de musulmans français la conviction qu'ils sont discriminés.

La forme française de cette crise identitaire se traduit, dans les faits, par un différentiel qui ne cesse de s'accentuer : l'immigration vers la France de futurs Français de culture musulmane se poursuit, alors que l'émigration — principalement vers Israël et les États-Unis — de Français de culture juive s'amplifie. Approximativement, on peut estimer la proportion de juifs en France à moins de 1 % de la population, celle de musulmans à environ 8 %. Le constat d'une augmentation de la courbe des *alyas* vers Israël n'est pas discutable : 1907 en 2012, 3295 en 2013, et 7231 en 2014. Les premiers chiffres disponibles depuis les attentats semblent annoncer la poursuite de la courbe — étant bien entendu qu'il s'agit là d'une tendance plus que de chiffres absolus, ces statistiques ne tenant pas compte des retours en France.

Cependant le diagnostic, supposé symétrique et avancé comme cause principale de cette tendance à l'émigration, d'un antisémitisme français d'un niveau élevé, et de surcroît en augmentation, mérite, lui, examen. Le premier point de la proposition est facile à démonter. Le second a des fondements plus solides, mais qu'on peut tempérer à la considération du premier. On ne dispose d'aucun moyen de mesurer scientifiquement une xénophobie. La courbe des incidents à caractère xénophobe peut monter ou descendre : elle ne concernera jamais qu'une période récente, où cette statistique est tenue par les pouvoirs publics, ce qui n'était pas le cas, par exemple, dans la France de 1900 ni dans celle de 1935. La tenue en question ne signifie pas que les incidents seraient devenus plus nombreux ; cela signifie qu'ils sont désormais problématiques : signe, donc, au contraire, d'un recul de l'antisémitisme. Les travaux, qualitatifs, des historiens mettent en lumière une différence considérable entre les temps de la IIIe République et ceux qui ont suivi la Seconde Guerre mondiale : indépendamment de l'effet, limité jusqu'à la loi de 1972, de la répression légale — le décret-loi Marchandeau, rétabli à la Libération, est de maniement compliqué —, l'effondrement de la légitimité du discours antisémite est patent. Aucun organe de presse, aucun parti politique[1] de quelque audience n'est conduit à reprendre à son compte les stéréotypes, les insinuations ou, a fortiori, les violentes campagnes qui pouvaient avoir pignon sur rue non seulement à l'époque de l'affaire

1. L'exception du mouvement poujadiste confirme la règle.

Dreyfus, mais également avant ou après — par exemple à l'époque où le quotidien *La Croix*, dirigé par des religieux, pouvait tirer gloire de se dire «le journal le plus antijuif de France»[1]. À partir des années 1970 et jusqu'à la fin du XXe siècle l'opinion publique est témoin et, par là, actrice de quelques scandales qui paraissent remettre la question sur le devant de la scène mais dont, précisément, la nature confirme l'absence de légitimité de la parole antisémite: interview de Louis Darquier de Pellepoix (1978), lapsus de Raymond Barre après l'attentat de la rue Copernic (1980), «détail» de Jean-Marie Le Pen (1987), etc.

Il semble donc plus exact de dire que, d'une part, l'antisémitisme a nettement reculé dans l'ensemble de la population française mais que, de l'autre, il est aujourd'hui généralement porté par certains membres d'une «communauté» musulmane qui, elle, ne représentant qu'un douzième de ladite population, aurait tendance à augmenter. Organisme institué par les pouvoirs publics mais distinct du ministère de l'Intérieur, la Commission nationale consultative des droits de l'homme (CNCDH) avance dans son rapport annuel de 2007 que si plus de 80 % des faits «racistes» étaient imputables à l'extrême droite dans les années 1990, cette proportion serait tombée à environ 25 % en 2006. Pour la catégorie «violences antisémites», cette année 2006 en verrait 28 % attribuables à des acteurs issus de «milieux arabo-musulmans» et 10 % à l'«extrême droite». Même si de tels chiffres n'ont aucun caractère absolu — dès lors que le même observatoire reconnaît que 62 % des auteurs de ces violences n'ont pas été identifiés —, demeure le sens de la courbe, qui confirmerait l'enracinement de cette

1. 30 septembre 1890 (Pierre Sorlin, *La Croix et les Juifs (1880-1899)*, Paris, Grasset, 1967).

« nouvelle judéophobie » définie par Pierre-André Taguieff en 2002[1].

2

Tout ce qui précède signifie-t-il que la seule clé d'interprétation de cette judéophobie serait politique ? Le croire serait oublier qu'une donnée commune l'unit à l'ancienne. Cette donnée est religieuse ; c'est elle qui a valu aux juifs, et ce depuis près de deux millénaires, un traitement à part dans l'histoire des sociétés humaines. Cette origine pourrait n'être qu'un objet de débat entre historiens — en particulier de l'Antiquité et du Moyen Âge —, rejoints par quelques théologiens. Elle garde une importance majeure dès lors que, dans l'espace, on note que les Arabes chrétiens n'ont pas été les derniers à cultiver la judéophobie — des personnalités comme Michel Aflak ou Georges Habache en témoignent suffisamment — mais surtout que, dans le temps, on ne limite pas l'enquête (*historia*) à l'émergence, au XIXe siècle, de l'« antisémitisme ». Qu'à partir de la modernité occidentale se soit développée cette — déjà — nouvelle judéophobie — dont, au reste, l'inventeur du terme-programme est une figure beaucoup plus complexe qu'il n'y paraît au premier abord[2] — ne signifie rien d'autre que la modernisation, en effet, d'une exclusion aussi vieille que la victoire du christianisme sur le polythéisme.

1. *La nouvelle judéophobie*, Paris, Fayard.

2. Il ne suffit pas en effet de répéter que le terme est popularisé par l'Allemand Wilhelm Marr quand il fonde, en 1879, une « Ligue antisémite ». Pour en comprendre la logique et les limites, il importe de souligner que Marr est athée, d'extrême gauche, que ses trois épouses sont toutes juives à des degrés divers et, pour finir, qu'il passera les dernières années de sa vie à réviser et regretter ses thèses...

Mettre en avant la qualité sémitique et non plus la religion correspondait à l'évolution culturelle des élites occidentales du XIXe siècle, par son double habillage rationaliste : le vocable venait de la philologie — dont la culture allemande était devenue le centre mondial — et le glissement du linguistique à l'ethnique, voire de l'ethnique au racial, avait toutes les apparences de la rigueur scientifique. Mais il ne s'est développé deux siècles d'antijudaïsme moderne que parce que l'histoire chrétienne puis chrétienne et musulmane avait fondé, développé et approfondi un traitement spécial du juif, démarche totalement étrangère aux systèmes religieux antérieurs. Ce traitement spécial ne pouvait pas exister avant cette révolution culturelle majeure que fut l'invention du christianisme par Paul de Tarse, juif hellénisé et citoyen romain, vainqueur de la confrontation avec Pierre (controverse d'Antioche, Épîtres aux Romains), tenant, lui, d'une acception demeurée fondamentalement juive du message christique. Le christianisme universaliste part à la conquête du monde en marginalisant ceux que le XIXe siècle appellera les « judéo-chrétiens », marginalisation qui, après la conquête du pouvoir politique par les chrétiens, s'achèvera en claire volonté de persécution.

L'absence d'antijudaïsme chez les dirigeants romains tient non à une quelconque ouverture à la spiritualité juive mais à leur radicale indifférence aux spécificités religieuses — c'est-à-dire rituelles — d'un peuple parmi cent autres, auquel on ne demande rien d'autre que ce que l'on demande aux Gaulois ou aux Numides : la loyauté politique. À ce prix, Jules César peut faire, contre Pompée, le choix de l'alliance juive — ce qui nous vaut la scène décrite par Suétone des pleurants juifs aux funérailles de l'*imperator* —, alors que les empereurs flaviens sont sans pitié pour les Zélotes non comme juifs mais comme fanatiques en révolte contre leur pouvoir. En regard de cette politique au coup par coup — dont le pragmatisme permet de comprendre l'itinéraire du principal intellectuel juif de l'Antiquité classique, Josèphe, dit Flavius, ancien terroriste juif retourné en bon serviteur du régime impérial —, l'antijudaïsme chrétien pose les bases multiséculaires d'une situation nouvelle : non pas l'alternative collaboration / répression des Romains mais ce traitement sans alternative qu'est la mise à l'écart. Cette absence d'un second terme signe la logique monothéiste.

Contrairement à l'évolution des sociétés de culture chrétienne, parcourues à partir de la Réforme par un mouvement, certes minoritaire mais actif, de laïcisation des enjeux qui conduit soit à la solution américaine d'inter-tolérance communautaire, soit à la solution française (Grégoire, éloquent avocat de l'émancipation des juifs de France, n'est pas par hasard un prêtre catholique) de neutralité religieuse, les sociétés de culture musulmans ne passeront jamais en tant que telles au stade de la « tolérance », au sens où cette notion est entendue aujourd'hui, qui n'a rien à voir avec la dhimmitude. Elles ne le feront que dans des situations de domination coloniale, directe ou indirecte, sous l'influence du modèle occidental. À l'instar des chrétiens, les juifs égyptiens ou irakiens ne devront leur émancipation qu'à un rapport de forces devenu favorable à l'Occident. Ce que toute une lecture progressiste de la décolonisation ne voudra pas voir, c'est que la prise du pouvoir par les nationalistes socialisants du monde arabe, de Nasser aux partis baas, s'est toujours traduite par des mesures vexatoires à l'égard des juifs, tout comme un siècle plus tôt une branche du nationalisme occidental pouvait avoir intégré l'antijudaïsme laïcisé baptisé antisémitisme, le substrat chrétien servant souvent de combustible à cette nouvelle énergie sociale.

3

On voit qu'il faut nuancer la thèse commune suivant laquelle à un antijudaïsme religieux aurait peu à peu succédé un antijudaïsme social, intrinsèquement athée, la césure définitive se situant au cœur du XIXe siècle. D'une part parce qu'en amont l'antijudaïsme chrétien puis musulman avait très tôt alimenté l'exclusion religieuse par une essentialisation de l'exclusion sociale, à travers le raisonnement : le juif n'a pas le droit de travailler la terre, mais il a celui de manipuler l'argent ; c'est parce qu'il manipulé l'argent qu'on le méprise et qu'éventuellement on le persécute. D'autre part, parce qu'en aval la substitution progressive de la logique des nations à celle des empires ne conduit à une amélioration du sort des juifs que si les sociétés se démocratisent en surface et se libéralisent en profondeur, sous l'égide de régimes libéraux de droite, libéraux de gauche ou sociaux-démocrates. Sans cette évolution sociale, le fascisme et les divers populismes, mais aussi le léninisme dans sa version stalinienne, penchent naturellement — c'est-à-dire culturellement — vers la xénophobie, le racisme et/ou l'antisémitisme.

La judéophobie du XXIe siècle est donc une synthèse des deux stades. À l'antijudaïsme religieux elle emprunte le mythe, à l'antisémitisme laïque la mythologie. Le mythe — récit signifiant — pose l'exceptionnalité du destin juif et son caractère intrinsèquement négatif. La mythologie — système de mythes —, élaborée en réaction aux progrès du libéralisme, dont les victimes cherchaient des responsables à leurs malheurs, fantasmés ou bien réels, pose l'image de la domination et du complot juifs. En 2010, la pensée autodidacte des blogueurs complotistes et de leurs lecteurs, se vivant eux aussi comme victimes, fantasmées ou bien réelles, du «système», nourrit cette matière en recyclant les récits paranoïaques les plus fondateurs, des Illuminati diabolisés par la pensée contre-révolutionnaire catholique aux *Protocoles des Sages de Sion* de l'autocratie tsariste. Face à ces vaincus vindicatifs, la partie la plus active de la droite conservatrice et de l'extrême droite, des Républicains américains au Front national français, se désantisémitise par islamophobie et ce mouvement rejoint une normalisation croissante du vote juif, qui perd chaque jour de sa spécificité — signe supplémentaire d'intégration. Le prolongement du conflit israélo-palestinien laisse augurer que ce qui restera dudit vote juif se déplacera de plus en plus nettement vers la droite, nourrissant, au reste, plus encore l'assimilation du juif aux élites dirigeantes.

Le rapport annuel de la CNCDH, rendu public le 24 avril 2015, confirme qu'à l'échelle de la société française en général l'actualité xénophobe n'est pas tournée vers les juifs mais vers les musulmans. Sur la moyenne durée 1990-2014, l'analyse des «indices de tolérance par minorités» à laquelle il se livre montre que «les juifs» sont les mieux acceptés, près de 27 points d'écart (indice de tolérance à 79,5) les séparant des moins bien acceptés (indice 53), qui sont «les musulmans». Anticipant, compte tenu de l'importance des événements, sur les premiers mois de 2015, le rapport note d'ores et déjà que «les agressions contre les musulmans ont été plus nombreuses au mois de janvier 2015 que durant toute l'année 2014». Un compte à rebours est donc engagé. Le fonctionnement réactif de la mythologie antisémite élaborée au XIXe siècle nous livre à la fois une clé d'interprétation de cette forme moderne de la xénophobie, où l'étranger est non dans le lointain mais dans la proximité — les Roms en savent quelque chose —, mais aussi une ouverture sur un avenir possible. Une embellie économique et l'occidentalisation culturelle, en Occident, d'un nombre croissant d'immigrés de la deuxième génération — l'une nourrissant l'autre, comme le veut la dialectique de l'économique et du culturel — permettrait, si on extrapole les courbes sociales antérieures, de développer chez les intégrés tout à la fois des comportements individualistes (à commencer par les mariages mixtes) et des modes de raisonnement universalistes, suivant les précédents des juifs de 1900, des Italiens de 1930 ou des Chinois de 1970, sans qu'au reste cela signifie nécessairement un détachement de la religion des ancêtres.

Terminons ce chapitre commencé sous les auspices de la mort violente sur deux observations touchant aux funérailles du violent et des violentés. La première concerne les paroles, controversées, de Benjamin Netanyahou avant son départ vers la France ou, plutôt, les paroles plus modérées du président de l'État d'Israël, Reuven Rivlin — par ailleurs issu, lui aussi, des rangs du Likoud —, prononcées aux funérailles des victimes. Elles eurent moins d'écho, comme il est normal, compte tenu du poids relatif des deux fonctions en Israël, mais il n'est pas sans intérêt de les citer: «Mes chers frères et sœurs, citoyens juifs de France, vous êtes les bienvenus. Notre pays est le vôtre, notre maison est la vôtre, et nous aspirons à tous vous voir vous installer en Sion. Cependant, votre retour au foyer de vos ancêtres ne doit pas résulter de la détresse, du désespoir, de la destruction, des affres de la terreur et de la peur. La terreur ne nous a jamais mis à terre, et nous ne voulons pas que la terreur vous soumette. La terre d'Israël est la terre du choix. Nous voulons que vous choisissiez Israël par amour pour Israël.» La seconde observation sera géographique.

Les quatre victimes, juives, de Coulibaly ont, en effet, été inhumées en Israël. Coulibaly a été inhumé en France, mais parce que le Mali a refusé d'accueillir sa sépulture. On peut tirer de ce parallèle bien des conclusions, métaphoriques ou non et sans doute contradictoires.

11

Traité sur la tolérance

Janvier 15, au même titre que l'affaire Dreyfus, la chute du Mur ou le 11-septembre, est de ces cristallisations simples, «bonnes à penser», qui théâtralisent l'engagement intellectuel, et, par là même, le mettent à l'épreuve.

L'intellectuel a reçu son nom de baptême en France, au cœur de l'affaire Dreyfus, même si la chose est à l'évidence plus ancienne que le mot. On en a proposé il y a trente ans une définition[1], reprise par d'autres[2]. L'intellectuel n'est ici ni un statut, comme chez certains sociologues ou dans la constitution soviétique de Staline, ni une position, comme chez Jean-Paul Sartre[3], qui le réduit à l'intellectuel de gauche, mais — tant qu'à reprendre une formulation sartrienne — une situation. Preuve vivante de l'*auctoritas,* l'intellectuel s'autorise d'une légitimité acquise sur le terrain du culturel pour intervenir sur le terrain du politique. Notons que, puisqu'elle est culturelle, cette légitimité

1. Pascal Ory, Jean-François Sirinelli, *Les intellectuels en France, de l'affaire Dreyfus à nos jours* (1986), Paris, Perrin, dernière édition (poche) : 2004.
2. Jacques Julliard, Michel Winock (dir.), *Dictionnaire des intellectuels français*, Paris, Le Seuil, 1996, dernière édition : 2009.
3. *Cf.* la conférence de Jean-Paul Sartre au Japon en 1965, «Qu'est-ce qu'un intellectuel ?», reprise dans son *Plaidoyer pour les intellectuels* de *Situations, VIII.*

peut être philosophique ou scientifique mais aussi artistique — vous êtes alors Raymond Aron ou Albert Einstein, mais aussi Vaclav Havel[1] — et à ce stade il importe déjà de signaler que si c'est votre capacité à vous faire reconnaître comme créateur qui la fonde, vos contemporains pourront vous avoir d'abord classé comme «simple» médiateur: pour la société de leur temps Walter Benjamin ou Siegfried Kracauer étaient des journalistes; ce sont les universitaires qui les ont ramenés ensuite dans leur giron et assimilés à des «philosophes». L'intervention dans le débat de société fait sortir l'intellectuel de son domaine d'expertise pour une nette montée en généralité — c'est bien là l'«engagement», métaphore militaire (tout comme «avant-garde») qui signe l'identité tendanciellement polémique du personnage.

1

Depuis Régis Debray[2], il est difficile de raisonner de l'intellectuel sans développer une théorie du pouvoir qu'il croit exercer, et qu'en effet il exerce au moins sur un certain public: celui qui croit que les intellectuels ont ce pouvoir. Appliquée à la France cette lecture nourrit une dialectique, en effet très française, entre une rhétorique — celle de la «trahison du clerc», pour parler comme le Julien Benda de 1927 — et un état de fait — celui de ce que l'on pourrait appeler alors la «tradition du clerc». La double identité catholique et étatique de la France explique à la fois l'épanouissement et la visibilité de cette figure. Ce pays de vieille

1. Qui restera sans doute la plus convaincante figure d'intellectuel ayant accédé, au XXe siècle, à un véritable exercice du pouvoir politique, dans une assez large indifférence des commentateurs, surtout français, ce qui ne surprend pas.
2. *Le pouvoir intellectuel en France*, 1979; *Le scribe*, 1980.

cléricature fut en effet, parce qu'il était aussi un vieux pays d'État, le grand terrain d'expérience de la sécularisation des clercs en question, que le siècle des Lumières, point d'aboutissement de cette expérience, baptisera « philosophes ». Au-delà du cas français, les sociétés de culture catholique, orthodoxe ou confucéenne sont des sociétés préparées, sinon à la reconnaissance du pouvoir de l'intellectuel, du moins à la croyance en ce pouvoir : toute la différence avec les sociétés de culture protestante, où la sécularisation a eu lieu plus tôt, dans une perspective théologique maintenue et dans le cadre d'un État faible, ce qui explique que si le personnage n'en est pas absent — de Jeremy Bentham à Noam Chomsky en passant par Bertrand Russell —, son audience, en revanche, reste singulièrement plus limitée. Quant à la rhétorique de la trahison, elle n'aura de sens que dans le premier cas de figure, l'intellectuel standard apparaissant aux yeux de ses dénonciateurs comme toujours menacé par l'abandon des bonnes valeurs — qui dans ce langage de clercs sont toujours universelles — au profit des mauvaises — qui dans le même langage sont toujours particulières : nation, classe, race... On notera au passage que Benda, ébranlé par la Seconde Guerre mondiale, « trahissant » ses principes, terminera compagnon de route du parti communiste.

La déclinaison postmoderne de cette rhétorique s'appellera « silence des intellectuels »[1], le silence en question précédant, d'après certains analystes, non la reprise de parole mais la mise au « tombeau », avec toute l'ambiguïté voulue de ce dernier terme[2]. Dans l'entre-deux siège une thèse plus

1. Formule lancée en 1983 par le porte-parole du gouvernement à direction socialiste, Max Gallo.
2. Jean-François Lyotard, 1984.

courante, celle qui ne mettra en avant ni silence ni trahison mais, sans se prononcer plus au fond, diagnostiquera le déclin de l'intellectuel, sous sa forme classique, réunissant formation académique et engagement généraliste, au profit de l'«intellectuel médiatique» et/ou des experts. Ce diagnostic répandu pose cependant plus de problèmes qu'il n'en résout.

Le constat d'une crise n'est pas niable, puisqu'il ne s'agit jamais que du constat d'un discours de crise. Mais à l'orée du XXIe siècle, il a d'autant plus d'audience qu'il se greffe sur un autre discours, celui d'une décadence nationale. Thématique récurrente et assez mondialement partagée, en fonction des pays, des périodes et des secteurs — on repère déjà un discours nostalgique dans le plus ancien texte littéraire de l'humanité, l'épopée de Gilgamesh — la déploration d'une décadence — rejointe en flanc-garde par sa délectation morose — n'est pas un phénomène nouveau en France. La nouveauté tient à l'ampleur prise par le phénomène qui, à la veille de Janvier 15, finissait par être le seul point d'accord entre des analyses partant, pour parvenir à ce diagnostic, de lectures idéologiques par ailleurs radicalement opposées. Signe des temps, un mot spécifique sera forgé pour réunir dans une même catégorie intellectuelle ces discours différemment argumentés et orientés : le «déclinisme»[1]. Depuis le début du siècle — disons depuis le 11-septembre —, les deux voix les plus remarquées par les médias classiques avaient été celles de Nicolas Baverez et d'Éric Zemmour, qui, au reste, avaient redoublé leurs coups : *La France qui tombe*, 2003, puis *Réveillez vous !*,

1. En 2006, Dominique de Villepin fustige les «déclinologues». La formulation «déclinisme», supposée sans doute plus objective, est lancée dans la foulée (*Le printemps du politique. Pour en finir avec le déclinisme*, ouvrage collectif, Robert Laffont, 2006).

2012 pour le premier, *Mélancolie française*, 2010, puis *Le suicide français*, 2014, pour le second. À cette jérémiade, au sens étymologique du terme, à caractère général s'ajoutait la troupe plus nombreuse encore des déclinistes spécialisés, orientant leur feu, par exemple, ici vers l'école (Jean-Paul Brighelli, Peter Gumbel...), là vers la gauche, avec des points de vue parfois totalement opposés comme, sur la seconde cible, ceux de Bernard-Henri Lévy (*Ce grand cadavre à la renverse*) et de Philippe Corcuff (*La gauche est-elle en état de mort cérébrale ?*).

Mais, au-delà de cette observation, tout est beaucoup plus discutable. D'abord parce qu'il est nécessaire de faire remarquer que ce qui définit l'intellectuel, ce n'est pas qu'il pense — attribut assez répandu —, ni même qu'il pense le monde, mais qu'il est conduit, d'abord, à médiatiser cette pensée, ensuite à en tirer des conséquences politiques. Sur le premier point tout a été posé dès les travaux de Régis Debray dans leur phase la plus « médiologique » : si peu que ce soit, l'intellectuel est un communicant, homologique des états successifs de la médiation. Il y a donc autant de types d'intellectuel que de grands âges des médias : intellectuel de l'oralité, de l'imprimé rare, de l'imprimé de masse, de l'audiovisuel, aujourd'hui d'Internet, et ainsi de suite. On voit, à ce stade, que, loin d'être éclipsé par le journaliste, le personnage tirerait plutôt bien son épingle du jeu, à l'heure où la plus évidente victime du triomphe d'Internet n'est pas le blogueur mais le journaliste professionnel.

La thèse du triomphe de l'expert sur l'intellectuel généraliste se défend mieux mais elle n'a pas nécessairement la signification négative que ce discours entend lui donner. D'un côté l'expertise n'est en soi nullement contradictoire avec l'ambition théorique et assurément jamais étrangère aux choix idéologiques des experts en question, ce que vérifient aisément les querelles internes — qui s'extériorisent parfois — aux différentes sciences sociales, en particulier celles des économistes et des sociologues, les premiers dominés par l'idéologie libérale, les seconds par l'idéologie antilibérale. Ainsi du politologue Laurent Bouvet attaqué par Philippe Corcuff ou du géographe Christophe Guilluy attaqué par l'anthropologue Jean-Loup Amselle. De l'autre, et plus radicalement, il apparaît avec le recul que les intellectuels généralistes — qui sont, de fait, eux-mêmes des experts, mais de culture littéraire ou philosophique — n'ont guère prouvé dans les générations antérieures leur aptitude à penser le monde, en particulier pendant cette grande ordalie intellectuelle qu'a été la guerre froide. Ainsi les lectures et engagements de plusieurs «grands intellectuels» occidentaux face à la Chine maoïste n'ont-ils pas résisté en face de la production «experte» d'un seul Simon Leys. La contre-performance — mais compensée par une large audience, au moins dans l'immédiat — d'Emmanuel Todd confirmerait que la montée en généralité (la légitimité scientifique initiale, ici, résidait dans la démographie) est bien l'examen d'entrée dans le club, aux risques et périls du postulant.

Dans le temps, en effet, la thématique du déclin renvoie à une idéalisation des lointains qui pose comme âge d'or de l'intellectuel classique des situations de polémiques qui apparaissent pourtant, quand on se plonge dans les textes d'époque, avoir été plus propices au dogmatisme qu'à la finesse critique. Dans l'espace, cette façade argumentative semble vouloir ignorer une autre crise, peu mise en avant, même par les déclinistes — peut-être parce que l'admettre c'est entraîner dans un même gouffre tous les acteurs de ces débats, de gauche comme de droite, généralistes comme experts, déclinistes comme volontaristes : le déclin international de la référence française, indépendamment de toute analyse de contenu, de toute supposée « qualité » du débat. Face à un doute sérieux sur la supériorité conceptuelle des intellectuels des générations antérieures — et surtout sur son indémontrabilité —, on en est donc réduit à soupçonner que, plus encore que le recul de la place accordée au débat idéologique dans la société — il suffit de se plonger dans les blogs et forums pour constater que le débat fait rage et qu'il a toutes les caractéristiques dogmatiques et polémiques du débat à l'ancienne —, c'est la conscience du faible écho des états d'âme français au-delà des frontières nationales qui mine de l'intérieur l'image de soi de l'intellectuel français maintenu.

Le déclin d'aujourd'hui éclaire et explique au reste et a contrario l'audience d'un Camus ou d'un Sartre après la Seconde Guerre mondiale : deux personnalités accumulant sur leur tête les légitimations culturelles (Sartre loin devant) dans une république des lettres internationale toute prête à les suivre ou à les insulter, donc à les reconnaître. Ce n'est pas par hasard si l'influence intellectuelle française a été à son apogée dans cet après-guerre : elle a été comme exhaussée par l'affaiblissement à partir de 1918 puis l'anéantissement à partir de 1933 de ce qui était depuis Kant et Hegel la grande référence philosophique mondiale. L'hégémonie philosophique allemande a été d'autant plus aisément remplacée par une hégémonie intellectuelle française que la part qu'y prirent les philosophes fut plus importante que jamais — dans l'entre-deux-guerres encore le rayonnement des intellectuels français était essentiellement de source littéraire, entre Romain Rolland et Paul Valéry — et, surtout, parce qu'elle en assurait la continuité structurelle, la production philosophique française modèle 1945 étant très largement une « philosophie allemande de langue française», souverainement indifférente, c'est-à-dire hostile, à la production anglo-saxonne.

Janvier 15 est survenu à un moment où cette double courbe déclinante — celle de la référence culturelle française en général et celle, en ce pays, de la référence philosophique allemande — était déjà bien avancée, parce qu'elle était à la fois cause et effet d'un retournement quant à lui nettement idéologique, bien propre à changer la configuration du terrain sur lequel cette intelligentsia affaiblie était supposée s'engager. La révolution de 1975 clôt le cycle des Trente Glorieuses, qui auront été, sur le plan intellectuel, les trente glorieuses du progressisme. En art comme en idéologie, au retournement des courbes économiques allait en effet répondre la grande révision des valeurs modernistes, la fin de la dynamique des «avant-gardes», mot commun un temps à l'histoire de l'art et à celle du mouvement ouvrier. Au moment même où, au Viet Nâm, une guérilla léniniste triomphait de la première superpuissance militaire, la dernière grande contribution française au débat intellectuel international allait être le relais assuré par ce pays à *L'archipel du Goulag* — c'est en effet en France que sortit la première édition russe du livre, fin 1973, suivie dès juin 1974 de la première traduction en langue étrangère : la traduction française — et «ceci allait tuer cela».

La première dénonciation, dix ans plus tard, du silence des intellectuels témoignait de ce décrochage, puisque ledit silence signifiait surtout, sous le regard d'une gauche encore régie par une alliance PS-PC, un sensible infléchissement des intellectuels les plus en vue, désormais orientés non sur une hypothèse progressiste mais sur un combat antitotalitaire. Accessoirement ce constat affligé des nouveaux dirigeants confirmait un diagnostic qui remettait assez profondément en cause les fondations du supposé pouvoir intellectuel puisqu'il confirmait a contrario que la gauche politique, écartée du pouvoir central pendant plus de vingt ans à une époque de forte visibilité des intellectuels, avait, au fond, gagné les élections de 1977 et de 1981 à contre-courant du *trend* des intellectuels français. De là à conclure à l'innocuité politique desdits intellectuels, il n'y avait qu'un pas, qu'aucun observateur ne franchit, si fort était, de l'extrême gauche à la « nouvelle droite », la conviction très française du poids de cette cléricature. Quinze ans plus tard, la chute du Mur ne faisait que parachever politiquement la victoire intellectuelle du libéralisme. Le dernier grand attentat gauchiste (l'assassinat du président de la Deutsche Bank) avait lieu quelques jours après. La chronique des attentats allait passer à l'islamisme radical. Le radicalisme n'était pas mort, mais il changeait (radicalement) de forme.

Une trentaine d'années plus tard le processus de dislocation du statut de l'intellectuel classique était suffisamment avancé pour que, dès lors qu'on cherchait à repérer des leaders d'opinion exerçant ce type de magistère, on se retrouvât devant un paysage très éclaté où l'occupation d'un espace de valeurs spécifique, passant par la maîtrise des nouveaux instruments de médiation (télévision, Internet, plutôt qu'imprimerie), était le fait d'étroites mais denses tribus. On se sera fait mieux comprendre en citant deux noms, à titre d'exemple : Alain Soral et Tariq Ramadan. Le premier est le type achevé du « maître », s'exprimant depuis un lieu restreint en direction d'un nombre très élevé d'internautes, le second, le type achevé de l'intellectuel « global », présent sur plusieurs terrains à la fois, en termes géographiques et en termes thématiques. On peut penser que leur audience respective, même clivante et clivée et sans doute parce que clivante et clivée, est plus profonde que celle de n'importe quel intellectuel classique, produit de la méritocratie républicaine et écouté de la presse écrite. S'en rapprocherait la figure de Michel Onfray, précisément parce qu'il partage avec eux la marginalité de l'itinéraire, en termes académiques, et le recours à des moyens de communication alternatifs de la chaire traditionnelle, même s'il n'a pas, sur ce second point, la modernité des deux précédemment cités : au fond, la part importante de l'oralité dans son mode de transmission — et dans sa popularité — le rattache aux plus anciennes formes du magistère philosophique.

Les traditions de la guerre froide intellectuelle rendaient déjà rares les débats ouverts avec échanges entre points de vue opposés, au profit des monologues juxtaposés. Internet, sous son apparence d'interactivité, durcirait plutôt la tendance. Citons cependant, à titre d'exemple, ce qui a pu y ressembler au lendemain et à propos de Janvier 15 : le dialogue entre Jacques Rancière et Jacques-Alain Miller en avril 2015, en trois temps classiques : entretien du premier à *l'Obs* le 2 sur la thématique, structurante de l'extrême gauche, de la perversion des idéaux de gauche dans le sens de l'exclusion, sociale d'abord, ethnique par voie de conséquence ; réponse, sur le site de *La Règle du Jeu*, le 7, de Jacques-Alain Miller — et enfin réponse de Rancière à Miller, sur le même site le 10. La qualité de l'échange occultait un fait : les contradicteurs étaient deux septuagénaires, apparentés par d'anciens combats communs, des exemples parfaits de cette génération de 68 dont les voix prédominantes du débat du XXIe siècle ont choisi de faire leur tête-de-Turc.

2

Poursuivant un travail de démolition engagé depuis une quarantaine d'années, la lumière noire des attentats de Janvier 15 et des manifestations qui les suivirent parut dès lors parachever la mise en crise de ce qui restait en France, non pas d'un pouvoir intellectuel, mais de certains des présupposés progressistes sur lesquels il avait pu vivre depuis la fin de la Seconde Guerre mondiale, prolongée, sur ce plan, par les combats de la décolonisation. Le parachèvement tenait d'abord à la nécessité où deux « principes de réalité » (l'actualité concentrée des attentats et l'actualité étendue de Daech) obligeaient la pensée anticolonialiste à affronter le constat d'un renversement d'image négative, au visage des damnés de la terre se superposant celui des mêmes, toujours damnés mais en même temps assassins, totalitaires, intolérants, gynophobes, homophobes, etc. Plusieurs problématiques antiprogressistes sortaient renforcées de cette double actualité : celle du « sanglot de l'homme blanc », lancée par Pascal Bruckner en 1983, et celle du « choc des civilisations », lancée par Samuel Huntington dix ans plus tard.

On insistera un peu plus sur l'ébranlement d'un autre système de pensée, à la fois plus fondamental encore et plus violemment rattachable à cette double actualité. Cet ébranlement peut se résumer, on l'a vu, dans le constat d'un lien consubstantiel entre toute une démarche intellectuelle et la figure même de la Terreur. De ce lien consubstantiel témoigne la formule, d'usage essentiellement polémique, de « terrorisme intellectuel ». La question de la généalogie de la Terreur a déjà été évoquée. Il s'agit simplement ici de la reprendre à nouveaux frais sous l'angle de la participation des clercs aux idéologies, aux politiques et, si les circonstances s'y prêtent, aux institutions de terreur, de la république des comités de 1793 à l'utopie khmère rouge, en passant par toute l'histoire des intelligentsias fascistes et communistes. Sur terrain français, ce radicalisme s'est nourri de la richesse de deux traditions politiques longtemps très présentes dans l'histoire du pays, la monarchiste et la montagnarde. La première, vivace au XIXe siècle, survit péniblement à l'échec de Vichy et à la défaite du fascisme, la seconde résiste à l'effritement jusqu'à la révolution de 1975 parce qu'au contraire de la précédente elle n'accède jamais au pouvoir d'État et peut donc se réincarner plus facilement dans les successives utopies blanquiste et communiste.

L'intellectuel radical — de gauche comme de droite — est un héros culturel de la modernité, qui s'épanouit dans la rupture, non dans la célébration, et, sous un costume collectif, un individualiste qui assimile absolutisme et égotisme. De cette tradition de l'intellectuel radical, le fleuron fut certainement Jean-Paul Sartre, à partir du moment (1941) où, prenant symboliquement le relais de son «petit camarade» Nizan, dont il apprend alors la mort, il abandonne — et jusqu'à sa propre mort — le non-engagement anarchisant qui était son choix politique depuis l'adolescence[1]. Tout un pan de l'histoire — et, plus encore, de la mythologie — des intellectuels est une histoire, une mythologie du radicalisme, situant, pour prendre le cas le plus représentatif en 2015, un Alain Badiou, resté ferme sur les positions léninistes qui sont les siennes depuis 1967, dans la continuité d'un Charles Maurras, resté ferme sur ses positions monarchistes à partir de 1895. Dans cette perspective, le choix radical s'accompagne de choix seconds

1. Thèse défendue dans Pascal Ory, *Paul Nizan. Destin d'un révolté*, Paris, Ramsay, 1980, réédition : Bruxelles, Complexe, 2005.

très reconnaissables, dans lesquels le lecteur reconnaîtra bien des figures, bien des itinéraires — peut-être le sien.

On y trouvera d'abord, bien entendu, la posture puriste. Celle-ci stigmatise les positions modérées et assimile le compromis à une compromission. Le discrédit attaché à des caractérisations comme celles de «réformiste», «social-démocrate» ou «centriste» en témoigne éloquemment. La chanson de geste révolutionnaire préférera toujours les expériences radicales qui ont vite échoué (la Commune de Paris ou le spartakisme) aux expériences réformistes qui ont duré (la Troisième République ou la social-démocratie scandinave). Cette réécriture de l'histoire conduit à des historiographies extrêmes comme celle qui produit un mythe bolchevique de l'histoire russe, déjà évoqué. Tous les moments et tous les lieux de radicalisme politique ont reçu la visite, plus ou moins prolongée, d'intellectuels radicaux. Dans l'Entre-deux-guerres, les formations extrémistes de droite et de gauche attirent plus volontiers les intellectuels de renom que les formations du centre. Le phénomène est bien connu du côté communiste, mais il ne doit pas faire oublier l'attractivité intellectuelle, à la même échelle mondiale, de toutes les extrêmes droites, depuis l'Action française jusqu'aux partis fasciste italien et national-socialiste allemand — dont une certaine vulgate veut oublier le grand nombre d'artistes et d'intellectuels qu'ils surent attirer — en passant par les extrêmes droites roumaine — à laquelle, entre autres, adhèrent un Mircea Eliade ou un Emil Cioran —, espagnole, portugaise ou brésilienne. Cette préférence affichée et revendiquée pour l'extrême nourrit tout un discours de politique culturelle qui éclaire l'éloignement de certains intellectuels à l'égard d'expériences qui leur paraissent trop communiantes, pas assez clivantes — c'est, par exemple, l'attaque dont sera victime Jean Vilar au milieu des années 1950, face non à Bertolt Brecht mais au brechtisme, puis en 1968, face au gauchisme.

Confrontée à des stratégies d'alliance des opposés contre un ennemi commun — forme classique de la stratégie politique depuis, au bas mot, l'Antiquité mésopotamienne — l'intelligentsia radicale refuse de jouer ce jeu. C'est, à la fin des années 1930, la position convergente des radicaux pacifistes et des radicaux fascistes, au moins d'accord sur un point : que l'alliance des démocraties entre elles est un choix beaucoup plus condamnable que celui de laisser Hitler et Mussolini libres d'asservir plusieurs peuples d'Europe centrale. En Janvier 15, c'est une logique de ce type qui met en avant la présence de Benjamin Netanyahou dans le défilé du 11 pour refuser de défiler contre le terrorisme — sans, au reste, prendre en compte la présence, aussi, de Mahmoud Abbas, assimilé, du coup, à un collaborateur du sionisme, ce qui correspond tout à fait aux positions du Hamas et de Daech. Le purisme met en lumière l'assimilation, coutumière à l'intellectuel standard puisque homologique de son statut, entre idéologie et politique, autrement dit (plus haut) entre les simples systèmes de valeurs et les rapports de forces que l'agent politique introduit dans ce jeu « pur et parfait ». On comprend mieux le déphasage récurrent entre les engagements intellectuels dominants et l'état politique d'une société : l'apogée du prestige intellectuel de l'Action française, vers 1920, celui du parti communiste français, vers 1950, sont contemporains d'une conjoncture politique qui certifie, au contraire, qu'ils sont politiquement en train d'échouer.

On y trouvera ensuite la valorisation de la démarche hypercritique, assimilée à une preuve d'objectivité supérieure. « Ne pas être dupe », lutter contre les « mystifications » conduira à prendre le contre-pied du discours de l'*establishment*. La forme avancée de l'hypercritique sera le conspirationnisme, qui connaît, au reste, des formes plus sophistiquées — l'identification d'un adversaire unique ou principal, puissant et ramifié — le capitalisme, le communisme, les juifs, l'islam... — ou chimiquement pures — les Sages de Sion, l'œil de Moscou, la franc-maçonnerie... Quelle qu'en soit la modalité, le conspirationnisme rassure le citoyen inquiet et excite l'intellectuel radical. Pour l'un comme pour l'autre il donne du sens à ce qui semble au premier regard obscur (citoyen inquiet), à ce que le commun ne veut pas voir (intellectuel radical). Il est la grande ressource des intellectuels s'interprétant eux-mêmes comme des vaincus, provisoires ou définitifs, à tout le moins comme des victimes. C'était, aux origines du conspirationnisme moderne, la situation d'un Augustin Barruel, inventeur, au début du XIXe siècle, de la thèse du « complot judéo-maçonnique » ; c'est celle, aujourd'hui, d'un Alain Soral, qui recycle en mode moderne (*new age*) les classiques de cette école de pensée, par exemple, y compris les Illuminati — droit ressortis de l'attirail contre-révolutionnaire des années 1790 comme n'importe quel comte Dracula ressurgissant de son tombeau carpatique après deux cents ans d'hibernation.

Les grands événements meurtriers de l'histoire la plus contemporaine, comme le 11-septembre, ont immédiatement suscité une lecture conspirationniste, dont la diffusion à l'échelle mondiale s'est trouvée facilitée par les formes modernes de médiation. Janvier 15 n'y a pas échappé, mais cette forme extrême de la logique radicale est l'arbre qui cache la forêt des groupements intellectuels — aujourd'hui cristallisés autour de sites Internet et autres blogs — se contentant de la posture puriste simple — position, par exemple, d'une bonne partie des cercles je-ne-suis-pas-Charlie, bien décidés à ne rien lâcher, même après les deux massacres, de leur dénonciation prioritaire, voire exclusive, de l'« islamophobie ».

Plus au fond — c'est-à-dire plus dans la forme —, l'intellectuel radical se posera dans l'arène du débat en posture agonistique. Il aimera les situations de guerre ouverte et, à défaut, cultivera les guerres froides. Il affectionnera les formulations tranchantes et entre deux mots choisira toujours le plus gros. La production intellectuelle de l'extrême droite des années 1930 ou de l'extrême gauche des années 1950 offre à son lecteur un vaste corpus d'insultes, de procès d'intention ou d'attaques ad hominem, signés du nom de personnalités cultivant par ailleurs un habitus d'homme de lettres (Robert Brasillach), d'artiste (Louis Aragon) ou de savant (Henri Lefebvre). La forme sophistiquée de cette posture se manifestera par l'admiration a priori pour la parole pamphlétaire — la violence du ton étant vue comme un certificat d'indépendance, l'attaque contre les installés comme un signe de liberté. L'aboutissement de la rhétorique radicale a bien été mis en scène par George Orwell, quand dans *1984* il dessine une société dans laquelle triomphent les mots d'ordre « La liberté, c'est l'esclavage » ou « L'ignorance, c'est la force ».

De ce triple choix puriste, hypercritique et agonistique découle, dans la pratique quotidienne, le soutien que l'intellectuel radical apportera périodiquement à des expériences étrangères radicales, du Moscou de 1920 au Pékin de 1970, en passant par Rome ou Berlin. Ce soutien ne commence à tiédir que lorsque l'expérimentation elle-même tiédit (Chine) ou s'effondre (Cambodge). La fable que représente à cet égard le face-à-face Sartre-Camus confirme le privilège accordé par l'intelligentsia française aux positions intransigeantes précisément au moment où l'expérience totalitaire bat son plein, le rapport de forces ne se transformant qu'après l'effondrement du monde soviétique. Dans la France de 2015, Alain Badiou représente un cas intéressant, car désormais (ou pour l'instant) rare, de soutien indéfectible non plus au présent mais au passé des grandes expériences totalitaires de gauche. C'est d'ailleurs en se réclamant de «la sagesse de Robespierre» que, dans *Le Monde* du 27 janvier, il repart au combat contre la «pensée unique» et la mystificatrice mobilisation du 11, désigne le véritable ennemi, le «capitalisme prédateur», et en appelle à la parousie d'une «incarnation historico-politique de l'idée communiste». Le travail systématique visant à rabattre les phénomènes du XXIe siècle sur des catégories anciennes (le djihadiste serait alors un «fasciste», discours symétrique d'une pensée libérale qui assimile le stalinien à un «fasciste rouge») signe le caractère daté de la démarche.

Cette triple configuration éclaire la convergence des extrêmes — dont l'histoire intellectuelle française offre sans doute le plus bel exemple avec Georges Sorel, qui meurt en admirateur de Lénine, salué par Mussolini comme son «maître». Elle éclaire encore mieux le passage d'un extrême à l'autre, toujours plus facile que le passage au centre (Maurice Blanchot, Massimo Bontempelli...), ou les oscillations permanentes de l'un à l'autre (Pierre Drieu La Rochelle, Curzio Malaparte...). Là aussi l'intelligentsia française offre un cas d'école, avec l'itinéraire d'un Roger Garaudy, mort en 2012 dans la peau d'un musulman négationniste après avoir été successivement, ou simultanément, mais toujours à un très haut niveau de virulence — et de responsabilité organique (directeur de revues, député, sénateur...) — protestant, léniniste de modalité stalinienne, communiste dissident et catholique.

Ramené à sa signification idéologique fondamentale, Janvier 15 apparaît alors comme la rencontre mortelle de deux radicalismes, opposés par leurs représentations mais apparentés par leurs valeurs, où des révolutionnaires massacrent des rebelles, où c'est à l'ultra-gauche et chez les islamistes radicaux que se retrouvent les antisionistes les plus virulents, désormais très tentés de passer avec armes et bagages à la judéophobie.

3

On ne saurait cependant limiter la lecture intellectuelle de Janvier 15 à ces considérations stratégiques et sociologiques. L'analyse de la production culturelle qui l'a suivi permet aussi de voir derrière cette mise en crise une mise au jour. La mise au jour de possibilités de refondation du débat intellectuel, par le moyen d'une mise à jour. Dans l'immédiat, en effet, l'événement a produit un retour réflexif sur quelques concepts longtemps renvoyés à l'obsolescence, voire au discrédit. Le discrédit, de tradition marxiste, jeté sur les « libertés formelles » de la culture bourgeoise était déjà, on l'a vu à propos de la liberté d'expression, lui-même entré en crise depuis la révolution de 1975. À la veille de Janvier 15, ce qui reste de ce discours s'exprime surtout dans une tradition sociologique, lectrice ou relectrice de Pierre Bourdieu et de Michel Foucault, qui focalise son attention sur les limites de l'État de droit, la manipulation des médias et par les médias, les innombrables pièges du contrôle social[1].

Le massacre d'artistes « progressistes » au nom de la religion, de juifs parce que juifs et la polémique autour de « Charlie Coulibaly » redonnent au principe de liberté un

1. Cette lecture fera significativement l'objet de l'ouvrage que publie Philippe Val en avril 2015, *Malaise dans l'inculture* (Paris, Grasset).

caractère d'autant plus fondateur qu'il n'a rien d'absolu, on l'a vu, mais est borné par l'État de droit, dressé devant la loi des armes. Même revalorisation antiradicale avec les valeurs de laïcité et de fraternité, dressées comme antidotes à la guerre civile et qui apparaissent dès lors, ce qui n'est pas habituel, comme organiquement liées, la première comme neutralisation passive, la seconde comme neutralisation active. Pour celle-ci, la préférence, après les tentatives sans lendemain mais significatives d'un Abdennour Bidar (*Plaidoyer pour la fraternité*) ou d'un Patrick Viveret (*Fraternité, j'écris ton nom !*), pour la formulation « vivre-ensemble » confirme l'ampleur du recul des diverses traditions, de droite comme de gauche, valorisant le clivage, qu'il s'agisse du nationalisme xénophobe ou de la lutte des classes. Les marches républicaines des 10 et 11 janvier ont donné force sociale à cette logique fondant le collectif sur la reconnaissance des diversités, dans la continuité des manifestations en faveur du mariage pour tous.

La tonalité dominante des commentaires mais plus encore des pratiques culturelles, dans les semaines qui suivirent les attentats, confirmait le retour en grâce d'une acception à la fois morale et libérale de la philosophie politique. Le passage, à la fin de la Seconde Guerre mondiale, du discours critique dominant sous hégémonie marxiste avait mis en avant, au titre de la négativité, « exploitation » et « aliénation », notions rejointes à l'époque de la décolonisation par « racisme » et « exclusion ». Janvier 15 a lesté d'un poids considérable « terreur », « intolérance » et « fanatisme ». Il n'est, pour le coup, pas besoin d'être grand clerc pour y retrouver la généalogie du siècle des Lumières, mais pas n'importe laquelle : sa branche voltairienne, libérale et sceptique, au détriment de la branche rousseauiste, démocrate et mélancolique, déjà affaiblie par son rattachement, total ou partiel, depuis les «nouveaux philosophes» des années 1970 jusqu'à Michael Sandel, au lignage totalitaire.

Un éditeur témoignera: «En librairie les lecteurs ont énormément réagi, dès le lendemain de l'attaque de *Charlie Hebdo*. Les libraires ont joué leur rôle en ressortant des livres sur la tolérance, par exemple. Ça a très bien marché. Il y a eu une vraie attente du public, les gens étaient vraiment désemparés[1].» «Les gens»: ici non pas les jeunes des banlieues mais les chalands de librairie issus d'une culture de gauche classique, durablement ébranlés. Pendant que les magazines les plus lus consacraient leurs couvertures et leurs hors-séries à la liberté d'expression[2], au fanatisme[3] ou à Voltaire[4]. Plus remarquable encore est l'imprévisible succès de librairie du *Traité sur la tolérance* dudit Voltaire. Publié pour la première fois en 1763, disponible en livre de poche chez Gallimard, il est retiré en urgence devant la demande et se serait vendu à 90 000 exemplaires en l'espace de trois mois. La force de l'ouvrage — outre son titre, la renommée de son auteur et la relative brièveté du texte — tient à son ancrage dans un combat concret — pour la réhabilitation de Jean Calas —, la vivacité de son style et l'élargissement progressif de son argumentation. Mais ce n'est pas tout. L'auteur de *Mahomet*, oublié depuis longtemps au profit de *Candide*, ressurgissait comme l'obstiné — et très dénoncé — contempteur du monothéisme, qu'il fût juif, chrétien ou musulman. En redonnant, contre Rousseau, à la critique du religieux une vertu libératrice, le paradigme voltairien remettait sur le devant de la scène un débat très enfoui sur

1. Jérôme Dayre, *in* Jérémie Lamothe, *Le Monde.fr*, 13 mai 2015.
2. Exemple: «2500 ans de liberté d'expression», Hors-série *Le Point*.
3. Exemple: «Guide d'autodéfense contre le fanatisme», *Philosophie magazine*, mars 2015.
4. Exemple: «Faut-il brûler Voltaire?», dossier de *Lire*, mai 2015.

le lien qui unirait intolérance et monothéisme. À la revalorisation, encore discrète, du «génie du paganisme» par certains anthropologues (Marc Augé, 1982) ou à la relance d'une historiographie remettant en lumière l'étendue de la violence chrétienne dans son entreprise de liquidation du polythéisme d'État (Ramsay MacMullen, Polymnia Athanassiadi) s'ajoutait désormais, sur le plan proprement philosophique, le travail systématique, cette fois bien médiatisé, mené par Michel Onfray, de reconstruction d'une histoire de la philosophie — matérialiste et vitaliste — autre que celle qui prédomine dans l'enseignement occidental depuis Kant et Hegel. Par ses effets, sinon par ses origines, cette tendance convergeait avec l'inédite valorisation dans l'espace philosophique français de la tradition anglo-saxonne, toujours marginalisée dans ce pays, qu'il s'agisse des Lumières britanniques ou de la philosophie analytique. En témoignait la fortune discrète mais croissante de l'œuvre la plus cohérente à cet égard, celle de Ruwen Ogien. De la difficulté de tout un discours philosophique français traditionnel à rendre compte de l'événement Janvier 15 en général et, au fond, de sa double nature — à la fracture sociale et culturelle du 7-9 répondant la mobilisation massive et individuelle du 10-11 — témoignera le fait qu'à chaud, dans les premiers jours, le discours de tradition humaniste ait été pris en charge non par un philosophe mais par un artiste, en l'espèce le Prix Nobel de littérature J.M.G. Le Clézio, pointant du doigt le défaitisme de «certains intellectuels désabusés», la complaisance de ceux qui «ont pris pour de la religion ce qui n'était que de l'aliénation» et appelant à faire en sorte que ne puisse pas continuer à «se construire une étrangeté à l'intérieur de la nation»[1].

1. «Lettre à ma fille», *Le Monde*, 14 janvier 2015.

Reste que cette hypothèse d'une refondation intellectuelle, donc d'un changement à la fois profond et durable, demeure, avec un recul d'à peine quelques mois, assez aventurée. 1789, révolution libérale démocratique qui débouche en quatre ans sur le despotisme des comités et se termine en dix ans sur une dictature militaire, est fort éloignée de 1688, révolution libérale-aristocratique qui n'oscillera jamais au-delà d'une alternative entre conservatisme nobiliaire et social-démocratie. Il faudrait que l'identité catholique-étatique française fût bien ruinée, sous les coups non du capitalisme ou du fondamentalisme mais sous ceux de l'individualisme et du tribalisme, pour que l'intelligentsia nationale renonçât à sa vocation cléricale de « tribun de la plèbe ». Pour lors, elle peine à faire émerger un discours qui tienne compte, d'un côté, des progrès continus de l'individualisme — sensible, sur le plan politique, par la popularité des « lanceurs d'alerte » — tous, significativement de culture anglo-saxonne (Julian Assange, Bradley Manning, Edward Snowden...) — et, de l'autre, de l'expression d'une souffrance sociale mise en lumière par certains chercheurs indépendants comme le géographe social Christophe Guilluy, dont les victimes ont fait le choix de deux variétés du radicalisme déconcertantes pour une doxa progressiste : le populisme et le fondamentalisme. En attendant ce petit miracle sorti des entrailles d'un *intellectual people*[1], l'essai le plus vendu en librairie au cœur de Janvier 15 n'est plus dans ce pays *Le suicide français* mais le *Traité sur la tolérance*.

1. Miracle que cherche en vain Sudhir Hazareesingh, professeur d'histoire à l'université d'Oxford, dans un livre, sorti en Angleterre comme en France en 2015 mais terminé avant les attentats. (*How the French Think : An Affectionate Portrait of an Intellectual People.* Traduction française, plus flatteuse : *Ce pays qui aime les idées*, Paris, Flammarion.)

12

Soumission

Certains analystes étrangers de la France en font une «nation littéraire»[1]. Qu'on partage ou non ce diagnostic, on reconnaîtra à ce pays une intense préoccupation — productrice, pour commencer, d'une abondante littérature — des rapports entre livre et société. Moins dans le sens société vers livre que dans le sens livre vers société. C'est en France que sont apparus, pour ne citer que ces trois exemples, les termes et les notions d'essai, d'intellectuel et d'engagement[2]. Sans remonter à Montaigne ou aux philosophes du XVIIIe siècle, l'histoire littéraire française du XXe siècle est fortement lestée de ces débats et, surtout, de ces pratiques, sans lesquelles seraient incompréhensibles des œuvres comme celles d'un Camus ou d'un Sartre, assurément, mais aussi d'un Malraux et d'un Aragon, d'un Céline et d'un Genet, d'un Ionesco ou d'une Marguerite Duras. Il n'est pas sans signification que l'historien Patrick Boucheron ait résolu de dialoguer, à chaud, non avec un

1. Priscilla Ferguson, *La France, nation littéraire*, Bruxelles, Labor, 1991. Le titre anglais, là aussi, est plus modeste : *Literary France. The making of a culture*.

2. Dans le détail ces trois notions ont aussi des co-inventeurs étrangers, comme l'«intelligentsia» russe ou le Suisse Denis de Rougemont pour la théorie de l'engagement. On maintient cependant intégralement cette affirmation.

confrère mais avec un écrivain, Mathieu Riboulet[1]. On doit à Boucheron la jolie formule: «On nomme littérature la fragilité de l'histoire[2].»

1

La figure et l'œuvre de Michel Houellebecq se situent, en fait, au carrefour de tous ces questionnements. À la veille du 7 janvier 2105 — la date n'est pas choisie arbitrairement — l'auteur d'*Extension du domaine de la lutte* et des *Particules élémentaires*, prix Goncourt 2010 pour *La carte et le territoire*, est le romancier français vivant qui réunit seul la triple caractéristique d'une large audience nationale — au XXIe siècle chacun de ses romans est supposé se vendre en France à plusieurs centaines de milliers d'exemplaires —, d'une vraie popularité auprès de quelques-uns des grands publics occidentaux et enfin — situation rare pour un écrivain francophone métropolitain — d'une attention déjà suivie de la part des universitaires étrangers, à commencer par les campus américains. Cette attention est d'autant plus remarquable qu'elle contraste avec la faible légitimité dont il dispose au sein de l'université française, qui ne voit pas (encore?) en lui l'un de ces créateurs de formes qui justifient qu'on les étudie de près, à l'instar — pour citer d'autres vivants — d'un Yves Bonnefoy, d'un J.M.G. Le Clézio ou d'un Patrick Modiano.

Au contraire de ces derniers, Michel Houellebecq offre au public une image qui ne s'apparente pas à celle de l'écrivain en retrait, fuyant la société, peu porté à l'expression

1. *Op. cit.*
2. *Le Débat*, 2011/3, numéro 165, p. 41-56.

publique, sans offrir pour autant celle de l'écrivain dans le monde, répondant volontiers à la sollicitation des médias, intervenant dans les débats dits de société. Il participe des deux, alternant les moments de parole libre — qui lui valent de se voir ensuite périodiquement renvoyé à certaines de ses déclarations antérieures à l'emporte-pièce —, et les enfermements dans un silence d'exilé provisoire. Son physique, sa parole, ses jugements abrupts le rapprocheraient plutôt de la figure des grands misanthropes littéraires, entre Léautaud et Céline, ce qu'il assoit sur des références schopenhaueriennes[1] mais qui exsude surtout de toute son œuvre, où des antihéros entre mélancolie et dépression promènent sur leurs semblables — donc sur eux-mêmes — un regard désenchanté, informé par l'économie et préoccupé par la sexualité, le tout dans une grande solitude affective et une terrible peur de la femme. On laissera à la psychanalyse le soin d'allonger sur son divan — que, bien entendu, il refuse — ce fils abandonné par une mère soixante-huitarde qui, en 2011, persiste et signe[2].

Le succès public et critique est en partie fondé sur la capacité de l'auteur à produire une écriture homologique de son objet. Le style houellebecquien n'est en rien soutenu, tenu ou même retenu. Il ne recherche aucun effet particulier, et surtout pas le ton «neutre». L'une des premières analyses universitaires qui lui sera consacrée n'hésitera pas à mettre en avant comme principale caractéristique la platitude[3]. À condition d'y ajouter une grande

1. «Je veux penser à toi, Arthur Schopenhauer/Je t'aime»: extrait d'un poème du recueil *La poursuite du bonheur*, Paris, Flammarion, 1997. Repris dans *Non réconcilié*, Paris, Gallimard, 2014.

2. Lucie Ceccaldi, *L'innocente*, Paris, Scali, 2008.

3. Reynald Lahanque, «Houellebecq ou la platitude comme style», *Cités*, 2011/1.

porosité aux discours scientifique et technique, beaucoup plus présents dans le langage contemporain qu'à l'époque de Balzac, Flaubert ou Gide et dont l'auteur, par formation et par goût, affectionne les codes. Que ce style soit un choix et non un pis-aller semble se confirmer à la considération d'une abondante œuvre poétique, rivière souterraine de son art, où la trivialité n'est pas incompatible avec la contrainte formelle. Un peu comme si c'était là qu'il s'abandonnait au romantisme qui, quoi qu'il en soit, reste pour lui un horizon dont il regrette peut-être qu'il soit inatteignable. L'auteur en était conscient dès son premier roman, où il glissait: «La forme romanesque n'est pas conçue pour peindre l'indifférence, ni le néant; il faudrait inventer une articulation plus plate, plus concise et plus morne.»

Mais si le succès houellebecquien a une telle ampleur, et à l'échelle de l'Occident, c'est qu'il offre au regard de ses lecteurs la «carte» d'un «territoire» peu exploré par ses pairs et dans lequel lesdits lecteurs se retrouvent, y compris dans leurs incertitudes, leurs contradictions et leurs angoisses. En d'autres termes il est clair que l'on a affaire ici à un auteur politique, qui n'arrête pas, en effet, de penser la société et de la juger, et que ce jugement paraisse — et soit — partagé entre le péremptoire et le confus ne retire rien à son importance *hic et nunc*, bien au contraire.

Ce regard politique prend une forme schématique dans ses réponses aux journalistes — il est plus familier du genre interview que du genre lettre ouverte —, où l'on retrouve le style apparemment relâché des romans mais dépouillé des charmes de la fiction. Michel Houellebecq a lui aussi sa «caricature de Mahomet», dont on ne sait s'il se sortira jamais. Elle date du mois fatidique de septembre 2001 où — déjà — le hasard de la collision des dates avait décuplé son audience: «La religion la plus con, c'est quand même l'islam. Quand on lit le Coran on est effondré[1].» Elle lui a déjà valu une plainte pour «injure envers un groupe de personnes en raison de leur appartenance» et «complicité d'incitation à la haine raciale» de la part de quatre associations musulmanes et de la Ligue des droits de l'homme: elles seront déboutées en 2002, la 17e chambre correctionnelle suivant en cela le procureur général qui avait fait le distinguo — déjà rappelé ici au chapitre de la liberté d'expression — entre islam et musulmans. Quelques phrases adoptant sur la «question palestinienne» un point de vue plutôt proche de celui de l'État israélien ont pu, de même, classer définitivement le citoyen Houellebecq — dont pourtant, les votes sont marqués au sceau de la plus grande incertitude[2]. Le véritable regard politique de l'auteur n'est évidemment pas à chercher là, mais dans le seul lieu où, comme tout auteur, il est prêt à assumer ce qu'il écrit — sinon ce qu'il «pense»: sa littérature.

Les romans de Houellebecq sont remplis de considérations variées sur le sens de la vie ou la marche du monde mais elles sont toujours attribuées à un personnage de mots et de papier — s'appellerait-il Michel Houellebecq comme dans *La carte et le territoire*. Le style plat encourage l'erreur — ou l'ambiguïté — qui consiste à attribuer à l'auteur les points de vue de ses personnages, fussent-ils convergents. En revanche l'auteur lui-même ne peut rien contre l'appropriation de son regard par ses lecteurs. On sait depuis Jean-Luc Godard que «les travellings sont affaire de morale»[3]. Le roman le plus «plat», le plus «réaliste» comme, au

1. Entretien avec Didier Sénécal, *Lire*, septembre 2001.
2. «Pour qui votez-vous Michel Houellebecq?», *Charles. La revue politique*, 4, janvier 2013.
3. Luc Moullet, lui, dit: «La morale est affaire de travellings.» On voit que ce n'est pas tout à fait la même chose.

reste, le plus «engagé», n'est jamais, du début à la fin, qu'une fiction, dont l'auteur est le maître, fût-il en train de pratiquer l'écriture dite automatique. Le déroulement d'un texte, de son incipit à sa fin — fût-elle «ouverte» —, est, à l'instar de l'Histoire pour Hegel, un jugement du monde. Comme de surcroît les intrigues des romans de Houellebecq aiment à jouer avec l'utopie, «la possibilité d'une île» et son désastre, comme sa structure intellectuelle mélange systématisme et pessimisme — sur ce plan Houellebecq s'apparenterait à un Auguste Comte désespéré —, rien d'étonnant à ce qu'on l'écoute et à ce qu'on le lise comme un anti-gourou.

À cet égard sa supériorité sur la plupart des écrivains de son époque est d'avoir, dès son premier roman, plongé ses héros et ses lecteurs dans l'univers économique ou, plus précisément, dans celui de l'entreprise et du bureau — puisque après tout l'essentiel de sa carrière d'informaticien s'est déroulé dans le secteur public. Dès ce premier roman aussi il établit une homologie entre misère affective et misère économique et, par là, entre libéralisme économique et libération sexuelle, qui marque ses lecteurs, le fait classer à gauche et désormais le transforme, bon gré mal gré, en antimoderne, propre donc à toutes les récupérations idéologiques. La sortie de *Soumission* est ainsi précédée, à l'automne 2014, par celle d'un essai sur *Houellebecq économiste*: ce type d'approche n'est pas fréquent pour un écrivain. L'auteur de l'essai salue en lui un écrivain qui, tout au long de son œuvre, a réussi à saisir «le malaise économique qui gangrène notre époque». Cet auteur s'appelle Bernard Maris, économiste lui-même à contre-courant de la pensée économique dominante. Il sera l'un des assassinés du 7 janvier.

2

S'attarder ici à parler du roman qui est sorti dans les librairies le jour même du premier attentat (office du 7 janvier 2015) n'est pas dû aux hasards du calendrier mais au lien que le sujet — au moins apparent — de ce livre entretient avec ce qui se déroule « dans le monde réel » quelques heures après ce que les métiers du livre appellent une mise en place. Le lien peut d'autant moins manquer d'être établi que la sortie de *Soumission* avait fait l'objet d'un « plan média » d'ampleur exceptionnelle avant même que le livre ne fût disponible pour le lecteur ordinaire, conduisant l'auteur à intervenir dans les médias en question — le sommet de ces interventions se situa dans le cadre du journal télévisé de France 2, le mardi 6 à 20 heures — et plusieurs intellectuels ou hommes politiques — y compris, le lundi matin, François Hollande[1] — à se prononcer sur un texte que bien peu avaient déjà lu.

Le texte en question joue sur le sens du mot islam (soumission du fidèle à son Dieu) — dont on ne semble pas avoir signalé au passage qu'il avait déjà servi de titre au film de Theo Van Gogh (avec Ayaan Hirsi Ali) qui décida son assassin à le tuer, en 2004. Après la sophistication structurelle de *La carte et le territoire*, le public retrouvait là un schéma plus traditionnel chez l'auteur — la traversée d'une séquence de l'histoire occidentale par un antihéros, exerçant une profession culturelle, confronté à une société qu'il n'aime pas mais à laquelle sa lucidité paralysante le conduit à adhérer, par esprit de survie. « Aussi peu politisé qu'une serviette de toilette », François, professeur

1. *Matinale* de France Inter, interviewé par Patrick Cohen.

en Sorbonne, spécialiste d'un écrivain antimoderne dont l'œuvre aura été traversée par une conversion religieuse non sans effets littéraires, Joris-Karl Huysmans, assiste en 2022 à l'installation à l'Élysée d'un musulman dit modéré, Mohammed Ben Abbes, et à la soumission progressive, par pans, de la société française à une nouvelle politique, à une nouvelle économie, à une nouvelle culture. Politique familialiste, bien propre à concilier au nouveau président des amitiés démocrates-chrétiennes (François Bayrou est son Premier ministre), résolution miraculeuse du problème du chômage par le retour massif des femmes au foyer, dislocation de l'État-providence par «subsidiarité» en direction des familles : au fond une politique de droite traditionaliste. L'exil des juifs s'accélère, l'islam devient la religion officieuse de la Sorbonne, rachetée par des intérêts saoudiens. La double originalité du roman, sur le plan éthique, tient non à la violence mais au contraire à la douceur du processus de ce «retour au religieux» et du ralliement final du narrateur, converti, lui l'ancien athée, à l'islam et réintégré à la Sorbonne. Aidé par le nouveau président de «l'université islamique de Paris-Sorbonne», Rediger, qui, chemin faisant, prend figure de maître à penser du héros, de la nouvelle intelligentsia, voire du monde nouveau, François entend sans déplaisir — et le poète Houellebecq de même — que «le Coran repose sur cette idée, l'idée de base de la poésie, d'une union de la sonorité et du sens, qui permet de dire le monde».

Comme souvent — mais pas toujours — chez Houellebecq, le lecteur reste dans l'incertitude sur le plan où se situe l'auteur, à l'image du chapitre final, celui de la complète «soumission» du narrateur, qui est cependant entièrement écrit au conditionnel : jusqu'au bout, l'auteur garde la main sur le sens qu'il entend non pas donner mais proposer au public. Un fin critique littéraire nommé François Hollande, interrogé sur ce livre qu'il n'a pas encore lu, fait remarquer, à partir de la lecture des précédents livres, qu'il est devant un de ces auteurs qui laissent leur lecteur dans une très séduisante expectative : « On ne sait pas si c'est ce que l'on souhaite ou ce que l'on redoute. On se délecte. »

L'important ici n'est, on s'en doute, pas dans cette question sans intérêt qui serait : « Que l'auteur pense-t-il donc de tout cela ? », mais dans la manière dont la société se saisit d'un roman de cette sorte, dans le roman assimilé à un fait social. La sortie de ce texte assez mince, best-seller annoncé, est en effet entièrement surmontée par celle du best-seller précédent (338 2000 exemplaires vendus à la date du 31 décembre 2014[1]) qui est, lui, un gros essai documenté. *Le suicide français* d'Éric Zemmour déchaîne les passions depuis trois mois, sur une hypothèse décliniste que certains analystes, favorables ou hostiles, vont concaténer avec *Soumission*, voulant voir en celui-ci la version fictionnelle de celui-là. Les acheteurs sont donc supposés se précipiter dans les librairies sur une accroche du style « la France soumise à l'islam ; faites-vous peur » et c'est, pour l'essentiel, sur cette traduction du livre en langue médiatique que les commentateurs politiques vont prendre position. Ainsi Marine Le Pen ne peut-elle qu'applaudir à une fable où l'on voit l'« UMPS » tomber d'accord pour faire élire un musulman plutôt que de permettre au Front national de l'emporter. Ainsi un homme politique de droite, représentant l'aile laïque de ce qui est encore l'UMP, Roger Karoutchi, voit-il surtout dans le livre le diagnostic, qu'il

1. Communiqué *Livres Hebdo*/GFK, 22 janvier 2015.

ne partage pas, de la mort de la laïcité à la française[1]. Ainsi à gauche (Laurent Joffrin) et à l'extrême gauche (Edwy Plenel) certains dénoncent-ils dans *Soumission* un bréviaire islamophobe, qui fait le jeu du Front national[2]. Mais sur ces questions l'extrême gauche en question est désormais si clivée qu'elle peut aussi émettre des commentaires opposés, voire divergents. Le 7 janvier au matin un hebdomadaire satirique désormais de peu d'audience manifeste une fois de plus la grande liberté d'expression de ses membres. Il publie d'un côté — en couverture — un dessin assimilant Houellebecq à un « mage », de l'autre un compte-rendu enthousiaste, saluant « un coup de maître », « un magnifique roman ». On a sans doute déjà reconnu l'hebdomadaire, *Charlie Hebdo*, et deviné que l'auteur du texte est Bernard Maris[3].

À l'étranger les deux massacres vont décupler le succès du livre, en particulier auprès des publics les plus familiers de l'auteur. En Italie, l'éditeur annonce 200 000 exemplaires au bout des six premières semaines ; en Allemagne, le premier tirage, sorti quelques jours après celui de la version française, fixé à 100 000, est tout de suite accompagné de 170 000 exemplaires supplémentaires. Les grands titres de la presse écrite allemande (*Die Welt*, *Die Zeit*...) applaudissent. *Tageszeitung* (« Taz », quotidien de gauche, proche des Verts), parachevant le travail d'assimilation, titre « Je suis Houellebecq ». La situation est plus complexe en France. Dans les classements hebdomadaires de la fiction, *Soumission* caracole en tête des ventes tout au long du mois

1. Roger Karoutchi, sur son compte Twitter.

2. Le même 6 janvier, veille décidément bien agitée, c'est à propos de *Soumission* qu'un incident d'une violence sans précédent dans l'émission *C à vous* (France 5) oppose Edwy Plenel et Patrick Cohen.

3. Le dessin est de Luz, qui sera l'un des « survivants » du massacre.

de janvier, soit pendant quatre semaines — 120 000 ventes annoncées par GFK dès la première, ce qui est considérable. Mais si les lecteurs ont afflué pendant quelques mois dans les librairies, c'est pour accorder, comme le dira l'éditeur Olivier Nora, « une prime à la non-fiction »[1]. En tête des ventes toutes catégories en janvier, *Soumission* descend à la troisième position des romans et à la quatrième de la totalité des titres dès la première semaine de février. Il n'est pas non plus exclu que le bouche-à-oreille ait fonctionné dans un sens défavorable à l'achat d'un livre dont, en fait, la signification politique — refusée par l'auteur mais portée par les médias — est apparue, à la lecture, comme très ambiguë.

Au contraire du livre d'Éric Zemmour qui, en tant qu'essai historique, fonctionne en fait comme une prophétie du passé, *Soumission* n'est pas présenté par son auteur — avant les attentats — comme un texte annonciateur mais comme un conte philosophique, « une fiction plausible »[2], voire « une évolution à [son] avis vraisemblable »[3]. Dans la continuité de toute la production romanesque de Houellebecq, le livre parle moins d'une société que des individus qui la composent, peut-être au grand dam de l'auteur, qui a eu l'occasion de dire son admiration pour le premier « socialiste » de l'histoire, Pierre Leroux, et dont la préoccupation utopique est claire. Très présentes dans *Les particules élémentaires* ou *La possibilité d'une île*, les constructions utopiques ne sont pas absentes du dernier livre, attribuées ici au « musulman modéré » Ben Abbes. L'objet central du roman n'est pas l'islam, même si sa part augmente de chapitre en chapitre, pour culminer avec une

1. *Le Monde.fr*, 13 mai 2015.
2. *L'Obs*, janvier 2015.
3. *Paris Review*, janvier 2015.

série de gloses le tirant vers le « roman à thèse » — celles de Rediger principalement mais aussi celles du narrateur et de quelques autres personnages. Il est « la possibilité d'une île » islamique comme réponse générale à l'apathie spirituelle de l'Occident et au manque de vouloir-vivre des individus de l'espèce de François. La fascination croissante du narrateur pour l'islam — par le truchement, au sens étymologique du mot (*drogman*, traducteur) des ralliés qu'il rencontre — est, une fois de plus, exposée sans recul, sans ironie. L'auteur partage avec les intellectuels du livre la conviction qu'aucune société ne peut tenir sans religion et le chapitre où l'on voit le spécialiste de Huysmans échouer à raviver en lui la flamme chrétienne en pèlerinant à Rocamadour paraît liquider cette autre branche de l'alternative. Le parallèle entre la situation de l'Occident du XXIe siècle avancé (nous sommes en 2022) et celle de l'Empire romain est esquissé à plusieurs reprises : consciemment ou pas, l'auteur met ses pas dans ceux de tous les intellectuels qui, de loin en loin, en dénonciateurs ascètes d'un monde dominé par l'« argent », ont prôné le « passage aux Barbares »[1].

Soumission, au même titre que *Le suicide français*, n'annonce rien mais, au contraire du livre de Zemmour, ne veut rien annoncer. Malgré les apparences, c'est dans le présent qu'il est ancré, comme sans doute toute la littérature utopique. Ce n'est pas une prophétie, c'est un symptôme. Rompant avec l'image romantique de l'écrivain prophète — mythe encore sous-jacent à toute une partie de la critique, voire de l'histoire littéraire françaises —, peu

1. La formule moderne (« Passons aux Barbares ! ») date de la révolution de 1848 (Frédéric Ozanam). Elle fait implicitement référence à Salvien de Marseille, rhéteur romain devenu prêtre, qui développera la thèse du barbare purificateur d'une société hédoniste décadente, tout en dénonçant le rôle corrupteur de l'argent dans la nouvelle Église. La généalogie de Houellebecq remonte haut.

soucieux de jouer le rôle de Cassandre que certains — et d'abord sans doute son éditeur — souhaiteraient le voir tenir, Houellebecq a, au fond, tout dit la veille du 7, en direct au Journal de France 2 : « Je ne vois pas d'exemple de romans qui ont changé le cours de l'Histoire[1]. »

3

Dixit. Certains pourraient même aggraver le constat en soutenant que c'est plutôt l'inverse qui s'est produit une douzaine d'heures après cette déclaration télévisée : non seulement un roman ne changerait jamais le cours de l'Histoire, mais l'on aurait assisté à irruption du « réel » dans la vie du romancier, frappé de plein fouet dans ses amitiés — la misanthropie classique s'accompagne la plupart du temps de la constitution d'un étroit réseau d'amitiés, généralement viriles[2] — à travers la mort sanglante de Bernard Maris, type rare d'un intellectuel favorable à Michel Houellebecq. Celui-ci est conduit à se réfugier plusieurs jours chez un artiste ami puis à accepter une surveillance policière permanente. Mais ce télescopage entre fiction et réalité, indéniable et en soi « romanesque », reste de signification ambiguë.

D'abord parce que ce n'est pas la première fois que le chemin de l'auteur est croisé par cette sorte de retour de réel, perçu alors par certains comme un retour à l'envoyeur. Le roman *Plateforme* était sorti en librairie le 24 août 2001, accompagné de diverses déclarations à la presse dont

1. Citant a contrario le *Manifeste du parti communiste* comme exemple du texte (de non-fiction) qui aurait, lui, changé ledit cours.
2. *Cf.* Pascal Ory, *L'anarchisme de droite*, Paris, Grasset, 1980.

l'entretien publié par *Lire* n'était que la forme la plus frappante. L'émotion avait porté sur le tourisme sexuel mais surtout sur l'islam — les deux notions pouvant d'ailleurs se rejoindre dans le roman lui-même. Elle avait conduit au dépôt d'une plainte dont on a déjà vu l'effet; mais elle avait aussi conduit dans l'immédiat à la publication d'un communiqué des éditions Flammarion, se voulant apaisant, dans lequel elles exprimaient leurs regrets «concernant les dérapages et les propos inconsidérés que la sortie du roman de Michel Houellebecq [avait] provoqués dans les médias». On ne discutera pas sur le fond l'argumentation faisant assumer aux médias la seule responsabilité des «propos inconsidérés». On ne cite ici ce communiqué qu'en raison de sa date: mardi 11 septembre 2001.

L'année suivante, le télescopage prenait de l'ampleur, relevée par les médias en question. Dans le roman, la femme idéale du héros — prénommé Michel et dont l'itinéraire présentait d'évidentes ressemblances avec celui de l'auteur — périssait dans un attentat visant un complexe touristique «pour adultes», le Club Aphrodite, installé en Thaïlande dans le cadre d'un programme planifié par Michel, devenu le conseiller d'une grande chaîne hôtelière occidentale. 117 morts. Laissons de côté le fait que dans cette fiction, c'est la femme qui meurt, et l'homme qui survit, plus désabusé que jamais. Retenons que les services de police thaïlandais attribuent pour finir l'attentat à des terroristes musulmans. Le héros et narrateur peut ajouter un sentiment négatif de plus à sa panoplie: ««L'islam avait brisé ma vie, et l'islam était certainement une chose que je pouvais haïr; les jours suivants, je m'appliquais à éprouver de la haine pour les musulmans. J'y réussissais assez bien.» Un an plus tard, le 12 octobre 2002, un attentat «réel» à Bali, contre un complexe touristique fréquenté essentiellement par des

Occidentaux, faisait 202 morts et 209 blessés. Les auteurs : des islamistes radicaux membres de Jemaah Islamiyah, proches d'Al-Qaïda.

On rejoint là un thème récurrent de ce qu'on s'est permis d'appeler ailleurs la religion culturelle : la capacité prédictive de la fiction, thème explicite chez Houellebecq, qui cite dans *Les particules élémentaires* l'exemple du *Meilleur des mondes* d'Aldous Huxley. À cette réserve près que le livre d'Huxley — au même titre que le *1984* d'Orwell et tant d'autres fictions, littéraires ou cinématographiques, qualifiées un peu rapidement de « prémonitoires » —, tout comme les romans précédents de Houellebecq, n'« annoncent » toujours rien en termes prophétiques. Ils cristallisent une inquiétude, lui donnent forme et deviennent des outils d'action sur la société, voire des armes de combat. Dans le cas de l'œuvre de Michel Houellebecq la pertinence de son hypothèse pessimiste n'est ni vérifiée ni invalidée ; elle est simplement d'un évident usage social. Elle résonne plutôt qu'elle ne raisonne, et c'est déjà beaucoup. La confusion, entretenue par les éditeurs, les médias et l'intéressé lui-même, entre les trois plans disponibles dans le jeu de la fiction (le personnage, le narrateur, l'auteur), est devenue un cas d'école.

Dans les années qui ont immédiatement précédé la sortie de *Soumission* le public a en effet assisté à l'accélération de l'entremêlement des trois. L'autorisation de fictionnalisation de l'auteur, en bonne voie depuis le premier roman, avait été considérablement accélérée en 2010 quand un certain « Michel Houellebecq » était devenu l'un des deux héros de *La carte et le territoire*. En 2013, le jeune metteur en scène Julien Gosselin montait au festival d'Avignon une adaptation des *Particules élémentaires* dans laquelle il « houellebecquisait » systématiquement, parka et cigarette, le personnage central, mise en scène reprise à Paris à l'automne de l'année suivante. Et cette même année 2014 le dernier pas de la mise en fiction était franchi : l'écrivain jouait, avec un grand succès critique, son propre rôle dans *L'enlèvement de Michel Houellebecq*, téléfilm de Guillaume Nicloux, présenté sur Arte en février et sorti en DVD en décembre. Il s'y retrouvait séquestré par deux malfrats sans méchanceté, retournait la situation à son compte — et, au passage, de manière très houellebecquienne, passait une nuit d'amour avec la prostituée du village, dénommée Farida.

Hypothèse finale : si l'art ne change rien à l'Histoire, c'est que rien n'y change jamais rien en soi, même le *Manifeste du parti communiste* cité par Houellebecq le 6 janvier au soir, même le Coran, cité, lui, par tous les historiens comme l'exemple même du livre qui a changé le monde. Mais pour soi, oui. C'est l'absorption du verbe par les corps — qu'on appellera ici société — qui le rend opératoire. Il faut que les corps soient prêts à l'accueillir. Ce sont donc ces corps qui font l'Histoire — affirmation que l'œuvre de Houellebecq ne contredit certainement pas, mais dans un cadre intellectuel qui, comme le veut la formule consacrée, « n'engage que son auteur ». Et que ce sont les corps qui font l'Histoire, rien ne le montrerait plus violemment que l'irruption de la kalachnikov dans un univers où, la minute d'avant, les acteurs s'appellent des porteurs de verbe dénommés Marine Le Pen, François Hollande, Éric Zemmour ou Michel Houellebecq. Toute l'œuvre de ce dernier — comme toute l'œuvre de tous les écrivains — est une constante défense et illustration de ce que « la carte » vaut mieux que « le territoire », que, même, tout tend vers la carte. C'est le rôle de tout artiste que de défendre ce point de vue. C'est le rôle des frères Kouachi que de rappeler qu'il subsiste encore un territoire.

13

The massacre at Paris

Sous un regard, historien ou pas, attaché à une lecture planétaire des phénomènes, Janvier 15 doit être replacé dans une double chronologie assez claire — celle, courte, à l'échelle, pour l'instant, d'une quinzaine d'années, de ce qu'on pourrait appeler la série des attentats islamistes en terre occidentale, et celle, moyenne, à l'échelle d'un demi-siècle, de la révolution de 1975, ouvrant sur un univers auquel seules des préventions anecdotiques peuvent refuser le qualificatif, lancé précisément au début des années 1970, de postmoderne[1]. Mais cette chronologie en partie double ne trouve tout son sens que si elle est corrélée à une géographie permettant de comprendre la logique des mécanismes d'opinion publique mis en branle à l'international par Janvier 15, d'autant plus que la configuration événementielle française a connu une «réplique», au sens sismique de la métaphore, à peine plus d'un mois plus tard, au Danemark.

1. Parmi ces préventions figurent l'origine esthétique de la formulation, qui déplaît à ceux des intellectuels qui restent a priori éloignés de ce terrain, mais plus encore la remise en cause fondamentale qu'elle suppose moins du moteur «moderne» que de sa traduction exclusive. Ajoutons-y, plus trivialement, l'opposition personnelle de certains de ceux-ci à ce système de valeurs, qui les conduit à refuser de penser l'adversaire, ce qui n'est sans doute pas la meilleure façon de le combattre.

1

Le regard étranger sur la France dit beaucoup sur ce pays, à commencer — mais pas seulement — par les stéréotypes qui l'accompagnent, la plupart du temps partagés par toutes les sociétés étrangères, voire par une bonne part de la société française, la différence pouvant alors se situer dans la connotation qu'on attribue au stéréotype. Ainsi l'image érotique, largement partagée, peut-elle être ensuite source d'admiration, de perplexité ou de franche hostilité, suivant les cultures nationales. Devant ce « massacre à Paris »[1], les cultures nationales, qui associent pour l'essentiel identité religieuse et expériences politiques, se répartissent grossièrement en trois camps. Dans les pays de culture religieuse musulmane majoritaire — on y ajoutera l'Inde, dont c'est ici la spécificité géopolitique bien connue —, la condamnation officielle par des pouvoirs publics eux-mêmes menacés par l'islamisme ne résume pas une « opinion publique » dont l'analyse est rendue, de fait, illusoire par les contraintes diverses, anthropologiques et politiques, pesant encore sur l'espace public. Demeure que les nombreuses manifestations de solidarité avec les assassins n'y sont pas seulement l'expression d'une minorité instrumentalisée par les islamistes locaux. Les réactions, voulues équilibrées — condamnation symétrique des attentats et des « provocations » de *Charlie Hebdo* —, viennent généralement d'intellectuels de statut moderne — Tariq Ramadan, par exemple.

1. Titre de la dernière pièce (1593) écrite, juste avant sa mort violente, par le dramaturge élisabéthain Christopher Marlowe, *The massacre at Paris*, qui met en scène la Saint-Barthélemy.

Les intellectuels de statut ancien que sont les imams font preuve d'une beaucoup plus grande sévérité à l'égard des « infidèles ».

Les autres pays sont loin de présenter un bloc uni. Sous la réserve d'une enquête ultérieure, on peut y distinguer au moins deux configurations. La première se rapproche, à quelques nuances près, du modèle français. Elle est essentiellement composée de pays de culture catholique ou orthodoxe — deux modalités de la religion associée à l'État —, dont plusieurs, de surcroît, entretiennent un rapport ancien avec la culture musulmane, fondé sur ce mélange de proximité et de méfiance qui caractérise — au contraire de ce que postule une lecture des liens interculturels fondée sur une idéologie humaniste et/ou progressiste — ce type de rapport : Espagne, Italie, Grèce, Russie... L'existence dans ces pays d'une famille laïque, plus ou moins minoritaire mais active, construite en opposition et en miroir d'un « cléricalisme », confère à cette sensibilité un apport de gauche. La seconde configuration est sans doute la plus intrigante pour une observation française standard, qu'elle soit, au reste, intellectuelle ou populaire. Elle réunit principalement des pays de culture protestante. Leur rapport au religieux est à la fois plus individualiste et plus conformiste. La liberté religieuse y est plus anciennement et profondément ancrée que dans les pays de tradition catholique ou orthodoxe, mais elle a généré des lectures plus communautaristes. L'intériorisation individuelle du message religieux — qui est le fond de la révolution protestante — a installé de longue date un rapport puritain à l'univers qui se traduit sur quantité de plans — de l'hygiénisme corporel à la pruderie sexuelle. Rappelons ici que l'adjectif « puritain » a une signification originellement religieuse — puritanisme est synonyme de protestantisme intransigeant, creusant l'écart avec le catholicisme —, qui continue à prédominer en langue anglaise. La prise en considération de la convergence entre ces deux caractéristiques éclaire l'approche américaine (au sens d'états-unienne). On peut le percevoir à travers deux exemples concrets. L'un, ponctuel, est celui, déjà mentionné, de la dissidence d'une minorité d'écrivains membres du PEN Club of America, association dont, pour des raisons historiques, la représentativité est beaucoup plus grande que la plupart de ses équivalents à travers le monde — qui refuseront d'entériner l'attribution à *Charlie Hebdo* d'un prix de la liberté d'expression. L'autre, plus répandu, est celui de la réticence, très majoritaire, celle-là, des médias américains — presses écrite et audiovisuelle confondues — à reproduire tout ou partie des caricatures incriminées. La crainte pragmatique des procès et autres boycotts ne renvoie, à ce stade, qu'à une réalité sociale beaucoup plus profonde qui entérine un traitement inégal des opinions, le respect de la sensibilité irréligieuse ne comptant pas face à celui des sensibilités religieuses, nettement majoritaires, ne serait-ce que par leur diversité même.

Ce portrait d'un puritanisme et d'un antilaïcisme protestants est cependant à nuancer dans l'espace et dans le temps. Ainsi la culture politique anglaise, marquée par le choix anglican et le poids croissant des catholiques mais, surtout, ébranlée par la place, plus croissante encore, des religions non chrétiennes dans l'espace public anglais, découvre-t-elle les vertus du raisonnement «sécularistе», y compris dans une perspective xénophobe — évolution qu'avaient testée avant elle d'autres cultures protestantes comme celle des Pays-Bas, suivie par celle de la Scandinavie. On voit que l'«identité nationale» est loin d'être aussi effondrée que certains penseurs et hommes politiques le craignent ou l'espèrent. Il se trouve simplement que, comme de règle depuis l'émergence de la nation moderne, les tendances historiques générales sont vécues «nationalement».

2

C'est à toutes ces conditions qu'on peut examiner la réplique danoise. En termes événementiels elle a eu lieu à Copenhague — on notera dans cette histoire du terrorisme la surreprésentation des capitales, caisses de résonance appréciées des commanditaires —, les 14 et 15 février, soit à peine plus d'un mois après l'événement parisien. Le *modus operandi*, comme en France, est individuel. L'assassin, Omar Abdel Hamid El-Hussein, a suivi le même itinéraire que Coulibaly, les frères Kouachi ou Merah. Âgé de vingt-deux ans, né au Danemark de parents palestiniens, il affiche une personnalité duale, susceptible d'accès de violence. C'est un petit délinquant, doublé d'un petit toxicomane qui sort de prison au mois de janvier, mais c'est surtout, désormais, un islamiste convaincu, en délicatesse avec les gangs vers lesquels il s'était d'abord tourné, et qui a trouvé dans le radicalisme religieux sa rédemption et son exutoire. Il a rêvé de rejoindre le djihad en Syrie mais, comme les quatre précédemment cités, il fera le choix d'un djihad individuel en terre infidèle. Juste avant de partir tirer dans le tas il poste sur une page Facebook son serment d'allégeance à Abou Bakr al-Baghdadi, calife de l'État islamique: comme aurait dit Jacques Lacan, par là, à l'instar de Coulibaly, il ne s'autorise que de lui-même.

Comme en janvier, la cible est découplée. On vise, en priorité théologique, les insulteurs du Prophète; ensuite viennent les juifs, dont la négativité est plus périphérique. Celui que cherchaient à atteindre les deux cents balles (chiffre avancé par la police) tirées par l'assassin — et qui fut pourtant épargné — s'appelle Lars Vilks. Ce Suédois est dans les tout premiers rangs des insulteurs dont la tête a été mise à prix, pour avoir dessiné Mahomet en chien — c'est du moins ainsi que les croyants ont perçu ses images, à supposer qu'ils les aient vues. Vilks a accepté de participer à un débat organisé sur le thème « Blasphème et liberté d'expression »[1] dans le cadre d'un petit centre d'esprit contre-culturel, le Krudttønden[2]. Une balle perdue — on voit que toutes le sont — va tuer un réalisateur et producteur de documentaire danois, Finn Nørgaard. La seconde cible, comme à Paris, n'est pas sélective mais anonyme puisqu'il s'agit de « juifs », solidairement responsables de n'avoir pas reconnu le Prophète, d'avoir exploité les sociétés musulmanes et de martyriser le peuple palestinien. El-Hussein s'attaque donc dans la nuit qui suit à la grande synagogue de Copenhague qui, à l'occasion d'une bar-mitsvah, accueille encore du public au-delà de minuit. Il y a donc bien volonté de tuer, et en nombre. Là aussi sa démarche meurtrière tourne court. Comme au centre culturel, il ne peut entrer dans le bâtiment et tue la première personne venue, le gardien de la synagogue. Quatre heures plus tard il est abattu par la police.

Analysée de plus près, la réplique a, bien entendu, des spécificités. Certaines peuvent s'interpréter par rapport à la situation danoise, d'autres ont un caractère universel. La dimension proprement danoise de l'événement est évidemment à chercher dans la généalogie de l'« affaire

1. Contrairement à ce qui est indiqué ici et là, la réunion n'est pas une réponse aux attentats de France. La page Facebook de Helle Brix annonce en effet la réunion et la présence de Vilks dès le mois de novembre.

2. Dont il n'est pas tout à fait anecdotique de signaler que le nom signifie « baril de poudre ».

des caricatures de Mahomet», partie, dix ans plus tôt, du Danemark. Elle l'est aussi dans l'évolution politique — donc culturelle — générale de ce pays depuis la fin des Trente Glorieuses. C'est ainsi qu'un chapitre explicitement antimusulman apparaît en 1980 dans le programme du Parti du progrès (droite anti-étatique) ; c'est ainsi, surtout, que se crée sur sa «gauche», en 1995, une dissidence populiste, le Parti populaire danois (DF), qui fait de l'immigration son cheval de bataille et rencontre, contrairement au précédent, un succès durable. L'affaire des caricatures et le double attentat de février jalonnent une ascension progressive vers le pouvoir, qui atteindra son apogée en juillet 2015 avec, outre le soutien du DF au gouvernement conservateur, l'accession à la présidence du Parlement danois de la fondatrice du parti, Pia Kjærsgaard, à qui on devait la comparaison des musulmans à une «tumeur cancéreuse». Ce déplacement vers le nationalisme du centre de gravité de la vie politique danoise est là pour rappeler opportunément qu'au contraire d'une vision superficielle de l'identité danoise ce pays cultive une vive tradition patriotique, sensible dans un culte du drapeau sans équivalent en Europe duquel on ne peut rapprocher que le culte américain de la bannière étoilée.

Le double attentat de Copenhague nécessite cependant une lecture plus subtile, rejoignant l'analyse des deux chapitres précédents, qui prenne en compte ce qu'il recèle d'une dimension plus large. D'une part, en effet, le *Sonderweg* danois est à rapprocher de l'évolution des autres démocraties d'Europe du Nord, toutes marquées par le développement de partis populistes et xénophobes, faisant d'autant plus contraste avec l'image bien enracinée jusque-là de ces pays comme modèles de tolérance et de libéralisme culturel qu'ils se retrouvent aujourd'hui plus proches du pouvoir que leurs homologues des pays de l'Europe du Sud — on a déjà signalé qu'en 2015 des partis analogues participent au gouvernement en Finlande et en Norvège. C'est d'ailleurs aux Pays-Bas — longtemps assimilés mythiquement à Érasme, à Spinoza ou aux Provos — qu'est né en 2002 le premier mouvement xénophobe postmoderne, la Liste Pim Fortuyn, dont le fondateur éponyme allait être assassiné par un militant d'extrême gauche au nom de « la défense des musulmans », comme le sera en 2004, mais cette fois par un Néerlandais musulman, le cinéaste Theo Van Gogh. Deux ans après ce second assassinat, un essayiste néerlandais, Ian Buruma — désormais installé aux États-Unis —, publiait une enquête sur son pays natal, traduite en français sous le titre : *On a tué Theo Van Gogh. Enquête sur la fin de l'Europe des Lumières*[1].

La dimension de provocation ultra de Pim Fortuyn — enseignant en sociologie à l'université — ou de Theo Van Gogh — dont le film *Soumission*, qui causa sa perte, avait été diffusé sur la chaîne de télévision « libre-penseuse » des Pays-Bas, VPRO — a été peu mise en valeur, ou simplement incomprise, par les médias. Elle les situe sur une frange, assurément nettement islamophobe, au sens strict du terme — opposition à la religion musulmane, pas aux musulmans : Ayaan Hirsi Ali est d'origine somalienne —, de l'avant-garde culturelle occidentale. Le récit des attentats de Copenhague ne réserve pas, de ce fait, un sort particulier aux deux orateurs vedettes de la réunion du « Baril de poudre ». Leurs identités respectives sont pourtant intéressantes. Vilks n'est pas, en effet, comme la presse le répète,

1. Ian Buruma, *Murder in Amsterdam. Liberal Europe, Islam, and the Limits of Tolerance*. Londres, Penguin Books, 2006. Paris, Flammarion, 2006 pour la traduction française.

un « dessinateur ». C'est un artiste radical, plus connu pour son travail de sculpteur. Un travail paradoxal et explicitement provocateur, qui évoque par certains aspects ceux de Ian Hamilton Finlay et de Jochen Gerz, parsemé de structures plus ou moins éphémères, installées dans l'espace public sans autorisation et sans connotation politique explicite. Son Mahomet sur un corps de chien est un dessin de « nain de jardin » (en Suède ce sont des chiens) à tête de Mahomet. C'est en 2007 — donc sans relation avec les caricatures du *Jyllands-Posten* de 2005 — que, pour des œuvres exposées en Suède — donc dans un cadre supposé « artistique » —, il est remarqué par les islamistes radicaux et, dès le 15 septembre, condamné à mort par celui qui deviendra plus tard le Calife de l'État islamique, Abou Omar al-Baghdadi. Le comité Lars Vilks, à l'origine de la réunion du 14 février, a été créé par un artiste tout aussi non conformiste, Uwe Max Jensen, et une intellectuelle connue, en revanche, pour son engagement anti-islamique, Helle Merete Brix, dont les positions s'apparentent à celles de la journaliste Oriana Fallaci, personnalité de la presse internationale des années « progressistes », dont les derniers textes attaquaient de front, au-delà de la religion islamique, les « Arabes » en général. La complexité du lien existant entre la tradition occidentale de la provocation et le positionnement critique à l'égard de la religion islamique est bien résumée dans la personnalité de l'autre invité de marque de la réunion du 14 février, Inna Shevchenko, activiste Femen. Elle permet de rappeler que la thématique de la réunion ne portait pas spécifiquement sur l'islam, mais voulait interroger le lien entre l'expression artistique et la tradition du blasphème, le nom d'Inna Shevchenko étant associé, entre autres, au « sacrilège » de Notre-Dame-de-Paris, dans une démarche essentiellement féministe et athée.

Tout évoque ici la logique libertaire de *Charlie Hebdo*, à grande distance du positionnement nettement à droite du journal à l'origine de toute l'affaire des caricatures. On est à la fois très loin et très près de ce que nous raconte en 1958 la danoise Karen Blixen dans une courte nouvelle où était mis en scène, à travers la confrontation entre une femme libre, rescapée de la Commune de Paris, et une communauté religieuse fondamentaliste, d'une sévère morale rigoriste, le rapport d'une culture puritaine et d'une conception hédoniste de l'homme et de sa société. On aura reconnu *Le festin de Babette*, fable de la tolérance mutuelle popularisée plus tard par un film à succès du franco-danois Gabriel Axel. La fable demeure, mais les lieux du dialogue — comme en 1958 la table de Babette — semblent faire défaut.

3

Toutes ces données sont évidemment à considérer dans le temps. Sur le moyen terme du demi-siècle donnons ici tout son sens au fameux basculement, déjà signalé à plusieurs reprises, du milieu des années 1970. La dialectique de l'économique et du culturel s'y traduit par la convergence de la fin des Trente Glorieuses — datation économique, générale et occidentale — et la publication de *L'archipel du Goulag* — datation culturelle, particulière et mondiale. En l'espace-temps d'une trentaine de mois, tout au plus, le renversement historique s'est traduit par l'accession au pouvoir de Jean-Paul II (octobre 1978), Rouhollah Khomeyni (février 1979), déjà mentionnés, mais aussi de Margaret Thatcher (mai 1979) et de Ronald Reagan (novembre 1980). On aura noté que le «pouvoir» en question est politique-idéologique quand il s'agit de démocraties libérales et religieux-politique quand il s'agit d'institutions religieuses centralisées. Reste que la signification révisionniste de ces quatre événements est suffisamment claire pour qu'on n'y insiste pas, par-delà les différences, voire les oppositions géopolitiques radicales (États-Unis / Iran) qui ont pu aveugler les observateurs sur leur commune signification antiprogressiste. Elle s'est accompagnée d'une révision générale des tendances culturelles, à la fois cause et conséquence de l'effondrement de l'empire soviétique. Significativement, c'est une résistance islamique, peu à peu radicalisée en résistance islamiste, qui signe, en 1989, le premier échec militaire de l'Armée rouge, symétrique de l'échec américain au Viet Nâm quatorze ans plus tôt.

La sensibilité postmoderne s'est construite sur l'effritement des grandes valeurs dominantes — et, là aussi, partagées par les camps les plus opposés — de la période antérieure : volontarisme collectif, culte du mouvement, futurisme des avant-gardes (culturelles et politiques, au reste parfois contradictoires). Elle a mis en avant l'initiative individuelle, valorisé la customisation des destins, justifié le mélange des genres. On a vu que le terrorisme comme l'antiterrorisme peuvent en sortir, en fonction des intérêts de chacun. De tels itinéraires se retrouvent, costumés différemment, en France comme au Danemark, à Londres comme à Madrid.

L'état présent de la géopolitique mondiale et du débat intellectuel sort tout armé — c'est le mot — de ce changement d'époque. La montée des nationalismes, des intégrismes et des populismes donne le ton de cette nouvelle conjoncture, qui perturbe les classements idéologiques familiers des intellectuels occidentaux, ces trois familles politiques, parfois combinées entre elles, empruntant des traits idéologiques et sociologiques à la droite comme à la gauche. Janvier 15 survient dans cette conjoncture, sur un terrain français qui paraît l'être de moins en moins. L'écho des attentats et des marches républicaines résonne dans le monde entier, positivement ou négativement, et confirme à la fois l'étranger et la France dans la conviction, elle aussi positive ou négative, de vivre plus que jamais à l'heure «globale». Les reprises tel quel ou les variantes nationales du «Je suis Charlie» en sont une forte image. D'un bout à l'autre de l'année, l'actualité de première page en France confirme que les enjeux durables sont des déclinaisons d'enjeux non seulement internationaux mais mondiaux, depuis la polémique autour des immigrés en transit vers l'Angleterre jusqu'à la tenue de la COP 21.

Mais Janvier 15 se situe aussi sur une autre ligne historique, rythmée par une chronologie plus courte et dont la cohérence politique s'impose au regard à travers une dramaturgie analogue. C'est celle des attentats islamistes en terre occidentale. Le modèle absolu en est — pour le moment — donné par le premier, celui du 11 septembre 2001. Avant lui l'islamisme avait déjà, et souvent, frappé en Occident, mais fort peu l'Occident construit comme tel, en adversaire total. Avaient été frappés — outre de nombreux réfugiés politiques de diverses origines mais au sein desquels les «démocrates» ont livré un lourd tribut de sang[1] — des objectifs délimités — principalement israéliens ou juifs. Le modèle 11-septembre trouve ses origines dans la systématisation, à partir du milieu des années 1980,

1. Un attentat prototypique peut être trouvé en France même, dans l'égorgement, le 7 août 1991, sur initiative iranienne, du seul chef de gouvernement démocrate libéral qu'ait jusqu'à présent connu l'Iran, Shapour Bakhtiar. L'intelligentsia «progressiste» française garda à cette occasion un silence assourdissant.

de l'attentat sacrificiel, associé dès ses premières manifestations au Hezbollah, organisation islamiste libanaise financée par l'Iran renouvelant en manière politique la tradition du martyre chiite. Le lien avec l'effet 1979 est direct, de même que pour la première organisation terroriste qui, dans l'histoire du Moyen-Orient moderne, se réclamera de l'islam — et, au reste, du djihad —, l'IJO (Islamic Jihad Organisation), qui attaque les Occidentaux au Liban à partir de 1983, et est financée de même[1].

Le glissement progressif du dynamisme terroriste des chiites aux sunnites (Al-Qaïda est une organisation sunnite et c'est d'Al-Qaïda au Yémen que se réclameront les frères Kouachi) pourrait n'avoir aucune signification majeure du point de vue qui est le nôtre ici et ne s'attache qu'à l'effet produit sur l'Occident en question. Demeure un constat: c'est quand la grande stratégie terroriste change d'hégémonie islamiste qu'elle prend la dimension mondiale qui impose sa présence médiatique, ce qui serait assez homologique du positionnement sunnite — la dialectique de l'économique et du culturel faisant intervenir, par ailleurs, un certain état des médias (chaînes d'information en continu, Internet, réseaux sociaux) concomitant de cette installation intellectuelle. L'attentat islamiste en terre occidentale dispose assurément de tous les attributs du spectaculaire — unité de temps (l'imprévisibilité), unité de lieu (le choix d'un espace public), unité d'action (l'amplitude de l'agression, à visée meurtrière) — mais sa caractéristique la plus violente est sans doute ailleurs, dans l'image «globale» qu'il impose à ses victimes, ou plutôt aux vivants témoins du

1. À l'autre extrémité du temps on sait qu'une partie de la structure exécutive de l'État islamique en Irak et au Levant vers 2015 est constituée d'anciens cadres militaires baasistes, dans un côtoiement indécidable de conversion sincère à l'islamisme et d'alliance opportuniste contre un ennemi commun.

geste assassin, les victimes mortes n'étant qu'une arme de plus pour terroriser les vivants.

Cette image du global s'impose dans toute sa pureté lors du 11-septembre, qui frappe, et à trois reprises, un territoire et une population supposés jusque-là inviolables. Mais sa force s'exerce aussi sur des sociétés qui ont déjà une expérience du terrorisme. L'Espagne du 11 mars 2004 et l'Angleterre des 7 et 21 juillet 2005 sont à peine sorties pour la seconde, pas encore totalement pour la première de plusieurs décennies terroristes — trois décennies pour les attentats irlandais, quatre pour les attentats basques. La Russie des épisodes très sanglants de 2002 (théâtre de Moscou) et de 2004 (métro de Moscou, école de Beslan) appartient encore, de fait, à ce stade « national », par l'attribution-revendication tchétchène. New York 2001, Madrid 2004, Londres 2005, Toulouse 2012, Paris 2015 appartiennent à un autre temps, celui où l'espace de la conflagration est l'univers. L'initiative meurtrière et sa signification sont posées d'emblée, sans équivoque, par les divers acteurs du drame, à cette échelle. La « globalisation » se mesure à d'innombrables indices : le passage de relais du terrorisme local au terrorisme planétaire en est un. Le *modus operandi* peut varier — attentat-suicide (New York, Londres) ou suicidaire (les autres), victimes ciblées (New York, Toulouse, Paris) ou à l'aveugle (Madrid, Londres)... : la dimension démiurgique est assumée[1]. Main de Dieu, l'assassin frappe où Il veut, quand Il veut. Dieu a de l'avenir dans l'ego de l'homme.

1. C'est, au reste, le sens des fatwas meurtrières : sa vie durant, Salman Rushdie vivra sous leur menace.

Principe d'incertitude

On le voit : c'est parce qu'elle a été vécue en second au Danemark, c'est parce qu'elle se répercute dans les massacres tunisiens à répétition, c'est parce qu'elle accompagne les progrès et les reculs de Daech que cette crise est bien, d'abord, une crise française, vécue à la française, où l'intellectuel le plus lu dans les premiers mois qui suivirent le massacre ne fut ni Alain Badiou ni Alain Soral mais Voltaire. Tout ce livre et toute cette histoire sont aussi un élément de réponse à la question sur laquelle les attentats du 7 janvier ont, comme on le racontait dans les premières pages de ce livre, arrêté provisoirement un travail d'écriture en cours, la question que posait il y a près d'un siècle et demi Ernest Renan : « Qu'est-ce qu'une nation ? »

Cette problématique, vécue avec une gigantesque violence au long de deux guerres mondiales, avait été comme soudainement marquée d'obsolescence en Occident par la défaite du fascisme. Le temps des nations était fini, l'humanité accédait décidément au planétaire, voire à l'universel. C'était se refuser à voir que le temps des Trente Glorieuses avait été aussi celui de la guerre froide et de la hantise nucléaire et que hors d'Europe la question nationale était restée d'une constante actualité. Un penseur progressiste, un militant de l'internationalisme, porteurs de valeurs universelles, passaient quand même leur temps à défendre des expériences politiques spécifiques, marquées au sceau d'une forte identité : « Front de libération nationale » algérien, « Front national de libération » vietnamien, Chine, Cuba, Kampuchéa... La crise finale puis la chute de l'empire soviétique contraignirent les plus réticents à rouvrir leurs vieux atlas de géopolitique, mis au rebut en 1945. Des noms ressurgis des siècles passés s'invitèrent dans les journaux télévisés, les talk-shows et les blogs : Bosnie-Herzégovine, Moldavie, Géorgie, Crimée... Au cœur du XXIe siècle, les acteurs de l'histoire mondiale s'appelèrent Israël / Palestine, Russie / Ukraine, Chine / Japon ou Arabie saoudite / Iran, mais aussi Grèce / Allemagne ou États-Unis / Mexique ; on s'interroge sur l'artificialité de l'État-nation irakien, les chances d'une Catalogne, d'une Écosse, d'un Kurdistan indépendants, les malchances d'un Tibet ou d'une Tchétchénie.

À l'échelle française, la question nationale — qui puise sa force dans ce qu'elle est, tout autant, une réponse — n'est plus une question d'espace — comme à l'époque où les acteurs de l'histoire s'appelaient Viêt-minh, FLN, régionalismes basque, corse ou breton — mais de temps. Janvier 15 y fonctionne comme événement révélateur, doublé d'un événement fondateur. Le pessimisme, qui n'est qu'une question de regard, se nourrissait du constat d'un déclassement international, d'une perte d'identité et du (res)sentiment d'un individualisme dissolvant. Au soir du 10 et du 11 la nation en question se découvrait capable de collectif, de mobilisation et d'exemplarité mondiale. « Feu de paille », s'empressèrent, comme prévu, de pronostiquer certains analystes, habitués eux-mêmes à n'être plus célèbres qu'un quart d'heure. Le feu subsiste. Au reste, les incendiaires s'en chargent.

Une intéressante métonymie de ce ressaisissement pourrait, parmi plusieurs autres, se situer sur le terrain précisément où se situent ce livre et son lecteur. Le pessimisme de rigueur voulait que, sous le choc, le public fuît les librairies : c'est le contraire qui se produisit[1], dans un pays qui, de surcroît, était reconnu internationalement comme résistant mieux que, par exemple, les États-Unis à la maladie de langueur qui frappait la civilisation du livre. Le même pessimisme voulait aussi qu'on fît fête, plus encore qu'avant, aux derniers titres publiés par Éric Zemmour et Michel Houellebecq : sans s'effacer complètement, cette littérature mélancolique se retrouva soudainement dépassée par deux grands types de lectures : les ouvrages, de toutes sortes, sur l'islam — amplification d'une tendance antérieure — et les essais sur la tolérance et le fanatisme — phénomène nouveau. En d'autres termes : le retour au texte, le besoin de connaissance et le souci du vivre-ensemble.

Ces mouvements qui, au-delà des élites, touchent une partie des classes moyennes vont à l'encontre de l'analyse d'Emmanuel Todd. Ils y vont d'autant plus que, sous ce regard, Janvier 15 n'apparaît pas comme un sursaut éthique, inanalysable en termes scientifiques, mais comme une réaction organique en réponse à une agression, mesurable suivant des critères quantitatifs (recensement des manifestants, ventes en librairie, nombre de dossiers de magazines et revues...). Toutes proportions gardées, la France de 2015 se retrouvait dans une situation analogue

1. *Cf.* Olivier Nora : « Ce qui s'est produit a été contre-intuitif. Je pensais que la machine serait arrêtée par l'attentat », *Le Monde.fr*, 13 mai 2015.

à celle de l'Angleterre de 1940 ou des États-Unis de 1980 : diagnostiqués par les docteurs Tant-Pis comme puissances en déclin, nations en décadence, régimes en crise, pour révéler in extremis une capacité de résistance victorieuse face non plus à eux-mêmes (leurs contradictions internes, leurs fractures sociales) mais face à un adversaire, voire un ennemi. Le terrorisme, générateur de politiques et, plus en profondeur, de comportements dits « sécuritaires », produit surtout de la guerre, comme la science produit de la découverte ou l'art du sublime. Et, dans un premier temps, la guerre produit toujours de la mobilisation, de l'unité nationale, de l'union sacrée. Les « journées qui ont fait la France » furent souvent d'abord des journées qui faillirent la défaire.

La société française n'abandonne pas pour autant sur le bord de sa route, comme par enchantement, tout ce qui joue contre cette mobilisation. La nature des rassemblements des 10 et 11 janvier, manifestations de masse d'individualistes, invente un équilibre intrinsèquement fragile. La sidération sociale n'a, par définition, qu'un temps. Les logiques politiques, économiques et culturelles antérieures peuvent se remettre en branle, le tribalisme postmoderne retrouver de la voix. Mais, là aussi, l'analyse historique indique que l'événement de grande ampleur — c'en est un — délimite un avant et un après. Le tribalisme ne pourra se redéployer que dans ce cadre nouveau. Et l'année 2015 s'est chargée de réactiver périodiquement la situation guerrière, à coups d'attentats spectaculaires. Les spectateurs de la planète, conviés à contempler, avec le mélange requis d'horreur et de fascination, les touristes massacrés sur les lieux du loisir moderne — un musée, une plage de station balnéaire — ou les quidams égorgés et décapités, savent que l'adjectif « spectaculaire » est à prendre ici au pied de la lettre.

Par tactique et par stratégie, le radicalisme islamique du

XXIe siècle se charge, au fond, de faire le travail à la place des intellectuels, des militants et des hommes politiques du camp d'en face : dans l'espace il vise à creuser une frontière infranchissable entre cultures (à chacun son « barbare »), dans le temps il élargit constamment l'enjeu à l'échelle de la planète. Le même vendredi 26 juin 2015, sans qu'il soit utile d'imaginer une concertation, il frappe en France, comme une seconde réplique de janvier, il frappe en Tunisie, visant à la fois les Occidentaux et les Tunisiens « collaborateurs » de l'Occident, et deux grands massacres, en Syrie et au Koweït, illustrent une fois de plus l'étendue de la guerre civile entre sunnites et chiites, le dernier par ce viol suprême, pour un esprit religieux, qu'est un attentat contre une mosquée. Qu'il le veuille ou non, le destinataire français de ces informations-spectacle est contraint de passer du niveau national au niveau planétaire. Le 18 juin 1940, Charles de Gaulle, prenant la parole au micro de Radio Londres en prétendant, contre toute apparence, parler au nom de la France, rappelait aux Français — bien rares à l'écoute ce soir-là — que la guerre en cours n'était « pas limitée au territoire malheureux de notre pays », que « cette guerre (était) une guerre mondiale ». C'est la même transposition d'échelle qui s'impose face à Janvier 15.

De cet enjeu mondial on a, au long de ces pages, suggéré une interprétation.

1. Le radicalisme religieux est le nom XXIe-siècle d'une forme d'expression politique — en ce qu'elle a un projet d'organisation pour la cité — qui présente d'évidentes analogies avec des radicalismes occidentaux antérieurs. En tant qu'il est radical, il est, comme ces avatars, une réponse violente à des situations de domination, d'exploi-

tation, d'aliénation et — par-dessus tout — d'humiliation vécues elles-mêmes comme autant de viols. En tant qu'il est religieux — au sens, rappelons-le toujours, non pas de la civilisation romaine qui forgea la notion, mais à celui de la civilisation moderne, qui la reformula à la lumière de la double expérience monothéiste chrétienne puis islamique — il est porteur d'un projet holiste, communautaire et — on a défendu ce mot — totalitaire.

2. L'Occident chrétien n'est pas en situation d'étrangeté absolue face à ce projet. Des siècles durant son histoire a été tout à fait étrangère à des notions aussi incompréhensibles que « liberté d'expression » ou « individualisme », puisqu'en face de la vérité l'erreur n'a pas droit à l'expression, et puisqu'en face d'un Dieu unique l'individu — dont l'étymologie nous rappelle qu'il est l'élément insécable (*in-dividuum*) de toute collectivité — ne pèse pas plus qu'un atome. Les Occidentaux viennent donc de là aussi. Mais ils s'en sont éloignés. Le libéralisme et la laïcité, figures fortement mises en avant dans le drame de 2015, permettent, à elles seules, de mesurer ce chemin. La tentation est forte de conclure que les sociétés musulmanes, où règnent encore souvent quelques-uns des traits qui caractérisaient l'ancienne société occidentale (citons, de manière non limitative, le patriarcat, le puritanisme, la censure des opinions et l'intolérance religieuse), suivront le même chemin, ce que laisserait prévoir l'évolution de leurs structures. On a cité à plusieurs reprises la thèse de Youssef Courbage et Emmanuel Todd, montrant que plusieurs sociétés du Moyen-Orient étaient décidément engagées sur la voie de la transition démographique, signe et sans doute condition de la transition démocratique. À la lumière de ce scénario, plus solidement fondé que l'analyse toddienne

des manifestations de Janvier 15, on comprenait mieux que la comparaison avec le Royaume-Uni de 1940 ou les États-Unis de 1980 pouvait être poussée jusqu'au bout: l'effondrement rapide de l'adversaire, colosse aux pieds d'argile liquidé en cinq ans pour le premier, en dix pour le second. Dans cette hypothèse le radicalisme islamique serait l'indice non du fameux retour au religieux mais d'un dernier sursaut du fondamentalisme, poussé à la guerre par une sorte de fuite en avant impérialiste, dite guerre sainte.

3. De ce qu'il s'agisse là d'une lecture téléologique et occidentocentrée on ne déduira pas qu'elle est fausse. L'acculturation est un des grands moteurs du mouvement historique et, décevant les lectures démocratiques, la lecture culturaliste enregistre, sans les approuver ni les improuver, une suite ininterrompue et superposée d'hégémonies culturelles, locales, régionales et aujourd'hui mondiales. Leur développement et leur repli sont entièrement déterminés par des rapports de forces économiques et politiques, arbitrés par les intérêts culturels. Rien de «moral» là-dedans. Au début du XXIe siècle l'occidentalisation est un mouvement d'acculturation toujours d'actualité, comme l'ont montré les «printemps arabes», qui valent, comme en 1848, non pour leur résultat immédiat, mais pour le précédent absolu — la révolution démocratique libérale — qu'ils instaurent. Au bout de trois ans le printemps de 1848 était en apparence totalement écrasé; pourtant l'histoire européenne des soixante-dix années qui le suivirent (1848-1918) fut celle de la victoire des principes quarante-huitards.

4. De ce que, pour pasticher le proverbe portugais, l'humanité écrive droit avec des lignes courbes on peut, a contrario, imaginer le scénario inverse. Considérée sous

l'angle des libertés et non des égalités, la cité gréco-romaine d'avant la victoire du christianisme avait su préserver un espace public de débat philosophique, mais elle avait déjà abandonné l'espace public d'un débat politique. La victoire chrétienne a été gagée sur l'abandon de tels espaces, qui ne commenceront à réapparaître que très lentement. Penser hors du cadre chrétien a été ainsi, de fait, impossible en Occident pendant un millénaire. Aujourd'hui encore une partie importante de l'humanité ne dispose d'aucun de ces espaces. Une vision chrétienne de l'histoire a longtemps imposé l'idée que le christianisme avait subverti la culture gréco-romaine polythéiste parce qu'il répondait mieux aux «aspirations» spirituelles d'une partie de la société. C'est une lecture a posteriori, inductive et monothéiste, d'un phénomène qu'on peut interpréter de manière moins orientée: proposant à la condition humaine un sens absolu, transcendant et historique là où le polythéisme choisissait le rite, l'immanence et le cycle, la culture totale chrétienne, étrangère à l'idée de tolérance, a été une réponse adaptée à la désorganisation sociale et à l'anxiété individuelle. Le radicalisme religieux peut continuer à rallier de larges pans de la société, ni plus ni moins représentatifs de ladite société que les tenants du libéralisme ou de la social-démocratie. C'est affaire d'intérêts, sublimés en principes.

5. De ce qui précède il découle que le mouvement historique n'a aucun sens assigné — la conquête continue des «libertés» et des «droits de l'homme» pas plus, au reste, que le mouvement inverse. En revanche, on peut lui chercher une signification, dans les profondeurs du social. La dramaturgie de la guerre de religion, revenue en force depuis le 11-septembre, met en scène deux cultures — pour simplifier, l'une de modèle individuel, l'autre de modèle

communautaire. Il n'est pas nécessaire de construire un choc des civilisations pour constater qu'en janvier 2015 à Paris comme en septembre 2001 à New York ce sont ces deux cultures qui se sont heurtées, sans — pour l'instant — se détruire. C'est qu'elles renvoient, on l'a vu, non à deux idéologies, non à deux civilisations, mais à deux processus sociaux opposés. L'un va dans le sens d'une poursuite de l'intégration démocratique libérale, l'autre dans celui d'une involution communautaire autoritaire.

6. La force du terrorisme, immédiate et de court terme — donc très efficace —, tient à sa performativité : par la violence qui le définit il conduit son ennemi à se modeler sur lui et à adopter comme lui le discours du choc des civilisations. Ce discours ne repose que sur la conviction des extrémistes des deux camps mais l'extrémiste islamique, en utilisant la violence extrême, conduit une partie croissante des modérés du camp non pas ennemi mais agressé — nuance importante — à adopter une posture de guerre et un discours de civilisation. Ceci appartient au domaine du politique, qui est, on l'a dit, non pas affaire d'idéologie mais de forces et de rapports de forces. Il se trouve simplement que, derrière le jeu de cette dramaturgie du politique, l'intrigue sociale du XXIe siècle commençant met en œuvre, quant à elle, deux moteurs historiques qui sont, de fait, deux désordres. L'un, désordre économique, se traduit, pour une partie de la planète, par un haut niveau de chômage et un vécu d'appauvrissement où, là aussi, à la rétrogradation matérielle s'ajoute l'humiliation symbolique. L'autre, désordre écologique, illustré cette même année 2015 par la Conférence sur les changements climatiques de Paris, touche toute la planète. La résultante des deux s'appelle, aux yeux de l'Europe, Lampedusa. À cet égard

la remontée du «Sud» vers le «Nord» semble inéluctable, avec ou sans zone intermédiaire de protection — ce que la langue politique romaine appelait un *limes*. L'amplification du désordre écologique, plus structurel et moins passager que l'autre, pourrait se traduire par des choix autoritaires, voire totalitaires. Rien n'indique qu'ils prendraient prédominamment une forme religieuse, sauf dans une conjoncture apocalyptique, propice aux idéologies de refuge communautaire.

7. Tout ce qui précède est à raisonner en fonction d'un terme en lequel se résume une bonne partie de la société postmoderne — et, pour commencer, des analyses de ces treize leçons : l'individualisme. Y compris dans le choix communautaire qui se dresse en face de lui, héritage ou pure invention de la tradition : l'individualisme produit du libéral mais il produit aussi du terroriste. Le premier est plus nombreux, mais le second tue mieux. Il n'est pas exclu que, pendant que les puissances politiques résolvent à la surface tel contentieux capital — au cœur de l'année 2015 le dossier du nucléaire iranien —, en profondeur le processus d'individualisation poursuive son travail, à Pékin, à Téhéran ou à Lagos. Les tendances dominantes de la technique, de l'économie et de la culture sont ses alliés. Le radicalisme, religieux ou national, lui, occupe le terrain du politique. La mobilisation massive de Janvier 15 montre, donc démontre, qu'il peut exister des réponses collectives au communautarisme autres que la guerre ouverte ou le pogrom. Là se situeraient sans doute les éléments et les facteurs dont la cristallisation donnerait ses chances à une hypothèse situable entre démocratie libérale et social-démocratie.

L'historien, artisan du temps, est porté à la prospective, là où le politique, le philosophe, l'intellectuel, ces grands artistes, poussent jusqu'à la futurologie. Il s'aventurera donc à soutenir que l'aujourd'hui de 2016 sera très vraisemblablement encore celui des prochaines années tant que les deux principaux acteurs politiques du Moyen-Orient (l'Arabie saoudite et l'Iran) ne seront pas ébranlés en interne — il est vrai que l'Arabie donne pour la première fois des signes de fragilité. L'avenir dira quelle voie l'humanité entreprendra ensuite de suivre. Disons-le : la phrase qui précède est de pure rhétorique, une de ces phrases creuses par lesquelles les analystes se sentent obligés de (ne pas) conclure. Croyant élever le débat, ils le volatilisent. Traduisons-la donc en un langage dépouillé d'artifices, c'est-à-dire de métaphysique : la société, toutes classes, religions, nations confondues, décidera où sont ses intérêts. C'est ainsi que se fait l'histoire.

Assurément, ce n'est pas toujours ainsi qu'elle s'écrit. À ce constat cruel ne se rallient pas tous les historiens. Certains d'entre eux paraissent manquer quelque peu d'un sens sans lequel leurs analyses, toutes « critiques » fussent-elles, pourraient bien se retrouver à la fin (hypothèse 1789, 1989) ou tout soudain (hypothèse 11-septembre, Janvier 15) totalement invalidées : le sens du tragique. Schématisée par Albert Camus dans sa conférence d'Athènes par opposition au manichéisme du drame, la tragédie a été exprimée en mots simples et triviaux — donc méprisés de la culture savante — par Jean Renoir dans *La règle du jeu*, où ils sont, au reste, mis dans sa propre bouche, jouant le rôle d'Octave, déguisé en ours : « Tu comprends, sur cette terre il y a quelque chose d'effroyable, c'est que tout le monde a ses raisons. »

Effroyable est sans doute le mot, même si ce n'est pas

un mot d'historien. Jean Jaurès, à la tribune de la Chambre des députés le 24 janvier 1908, s'adressait en ces termes aux parlementaires français et, au-delà d'eux, à la postérité :

«Vous savez bien que ce monde musulman, meurtri, tyrannisé tantôt par le despotisme de ses maîtres, tantôt par la force de l'Européen envahisseur, se recueille et prend conscience de son unité et de sa dignité. Deux mouvements, deux tendances inverses le disputent : il y a les fanatiques qui veulent en finir par la haine, le fer et le feu, avec la civilisation européenne et chrétienne, et il y a les hommes modernes, les hommes nouveaux, comme était Mohammed Abdou en Égypte en 1882, comme est aujourd'hui Moustafa Kamel, comme est l'élite des musulmans de l'Inde unis aux hindous, comme le sont ces musulmans de la Turquie qui viennent de tendre fraternellement la main aux Arméniens égorgés. Il y a toute une élite qui dit : "L'Islam ne se sauvera qu'en se renouvelant, qu'en interprétant son vieux livre religieux selon un esprit nouveau de liberté, de fraternité, de paix."»

Inutile de dire qu'à l'époque ce discours ne fut pas entendu de ceux auxquels il était directement adressé, les représentants d'un peuple colonisateur, voire colonialiste, comme l'étaient, au reste, toutes les grandes puissances modernes du temps — modernes et pas seulement européennes, ni même occidentales puisque déjà à cette époque le Japon était sur les rangs. Ceux-là se moquèrent ou se scandalisèrent. Cinquante ans plus tard les empires coloniaux de 1908 étaient rayés de la carte. Un autre demi-siècle plus tard — nous y sommes — l'analyse de Jaurès n'a pas perdu de son actualité.

Mais on ne peut pas s'arrêter là. Jaurès ne prophétise rien puisque le prophète dessine deux chemins, apparemment contradictoires, et que les trois exemples qu'il cite à l'appui de la solution qui, à l'évidence, a les préférences de l'humaniste et du socialiste ont tous mal tourné[1]. Les modernistes égyptiens, après le laminage régulier des nationaux libéraux du Wafd, n'ont finalement accédé au pouvoir, en 1952, que sous l'uniforme militaire, ne laissant plus à la société égyptienne que le choix — toujours tangible au XXIe siècle — entre la dictature moderniste et le populisme islamique des Frères musulmans, inspirateurs, eux, de toutes les révolutions islamiques ultérieures. «L'élite des musulmans de l'Inde» a précisément commencé à se séparer du parti du Congrès à partir de 1906, conduisant à la partition indienne de 1947 et créant, à terme, la situation la plus belligène de toute la planète, dénommée Pakistan, sanctuaire d'Al-Qaïda, base arrière des talibans. Et il est à peine besoin d'insister sur le fait que la main fraternelle des Jeunes-Turcs «aux Arméniens égorgés» s'est transformée en main qui égorge. Nous en sommes donc là, au bord du précipice : d'un point de vue démocratique libéral certains voient bien où est la solution, mais il se trouve que l'histoire s'obstine à ne pas être, à tous les coups, démocratique et libérale. On ne change pas la société par décret. Elle sait très bien faire ses révolutions elle-même. Ses involutions aussi.

Parvenu à la fin de ce petit livre et au bord de cette sorte de précipice, le lecteur peut objecter que les affirmations

1. Au reste, le Jaurès de la montée des périls vers la guerre mondiale en fut conscient, lui qui huit ans plus tard (*L'Humanité*, 22 avril 1912) a moins d'espoir : «Si les violences du Maroc et de Tripolitaine achèvent d'exaspérer, en Turquie et dans le monde, la fibre blessée des musulmans, si l'islam un jour répond par un fanatisme farouche et une vaste révolte à l'universelle agression, qui pourra s'étonner ? Qui aura le droit de s'indigner ?»

semées tout au long de cet essai sont bien tranchées. On lui fera remarquer que l'assassinat, l'attentat, la purification ethnique, la persécution religieuse, la fuite éperdue du Sud vers le Nord, la montée du désert sont, eux aussi, des affirmations tranchées.

À ce propos, terminons sur une petite fable, histoire — si l'on peut dire — de peupler cette incertitude. Prenons-la au cœur de la violence de Janvier 15, quand les frères Kouachi, terroristes français nés de parents algériens, se retrouvent à tuer Ahmed Merabet, gardien de la paix français d'origine kabyle, et quand Amedy Coulibaly, terroriste français d'origine malienne, se retrouve à tuer Clarissa Jean-Philippe, policière française d'origine martiniquaise. Trois soldats de l'universel liquident — sans doute en toute conscience — deux preuves vivantes de l'intégration à la française. Aux obsèques de Merabet un journaliste de *Libération* signalera, anticipant sur les analyses d'Emmanuel Todd, mais en sens inverse : « Il y a sans doute ici autant de larmes et de recueillement, mais plus de femmes voilées, plus de jeunes des cités, plus de vieux immigrés que sur la place de la République[1]. » Ce double assassinat dit tout de la course de vitesse qui est engagée entre le processus d'intégration et le processus inverse, qu'on ne peut pas appeler autrement qu'un processus de désintégration, même s'il est orienté vers une intégration nouvelle (dite « conversion »).

On entend d'ici les voix qui, à l'instant, s'élèvent pour s'insurger. La morale de cette fable, disent-elles, serait donc de ne plus laisser le choix à la société qu'entre deux modalités de violence sociale ? Toute une pensée libertaire — celle du dessinateur standard de *Charlie Hebdo*, par exemple — traduirait le dilemme en termes plus crus : « Flic

1. Pierre Beretti, *Libération*, 13 janvier 2015.

ou assassin ? ». La réponse à cette interrogation sarcastique n'est pourtant pas très compliquée : si les sociétés du siècle, poussées dans leurs retranchements, choisissent de régler leurs conflits à la kalachnikov et au couteau, oui, le choix se limitera à cette alternative. L'histoire en offre de nombreux exemples.

Reste que le pire n'est jamais tout à fait sûr. Un autre « Français de culture musulmane » a été tué le 7 janvier et il n'était pas policier ; Il s'appelait Moustapha Ourrad. Né en Algérie, surnommé « Moustapha Baudelaire » par ses camarades de classe pour son amour de la littérature, il était installé depuis une quarantaine d'années en France, où il exerçait une profession culturelle, porteuse d'une vieille tradition intellectuelle et politique : il était correcteur-relecteur. Au moment de la cérémonie qui lui rendit hommage dans son village algérien, suivant le rite musulman, des jeunes brandissaient une pancarte : « Je suis Charlie, je suis Moustapha ». Non, le pire n'est jamais sûr. Du moins jusqu'à la mort.

DU MÊME AUTEUR

– *Histoires*

. *Culture*

L'HISTOIRE CULTURELLE (PUF, collection «Que sais-je?», 2004).

LA CULTURE COMME AVENTURE. TREIZE EXERCICES D'HISTOIRE CULTURELLE (Complexe, 2008).

LA CENSURE EN FRANCE À L'ÈRE DÉMOCRATIQUE, 1848-... (Dir.) (Complexe, 1997).

THÉÂTRE CITOYEN. DU THÉÂTRE DU PEUPLE AU THÉÂTRE DU SOLEIL (Maison Jean Vilar, 1995).

LA «REVUE BLANCHE» (Ed., avec Olivier Barrot) (10/18, 1994; dernières rééd. 2012).

LA BELLE ILLUSION. CULTURE ET POLITIQUE SOUS LE SIGNE DU FRONT POPULAIRE, 1935-1938 (Plon, 1994).

JEAN ZAY, LE MINISTRE ASSASSINÉ 1904-1944 (avec Antoine Prost) (Tallandier, 2015).

L'AVENTURE CULTURELLE FRANÇAISE, 1945-1989 (Flammarion, 1989).

L'ENTRE-DEUX-MAI: HISTOIRE CULTURELLE DE LA FRANCE, MAI 1968-MAI 1981 (Seuil, 1983).

. *Image*

L'ART DE LA BANDE DESSINÉE (Co-dir.) (Citadelles/Mazenod, 2012).

LE PETIT NAZI ILLUSTRÉ (rééd. augm. Nautilus, 2002)

LA LÉGENDE DES AIRS. IMAGES ET OBJETS DE L'AVIATION (Hoëbeke, 1991).

. *Identité*

L'EUROPE? L'EUROPE (Ed.) (Omnibus, 1998).

DICTIONNAIRE DES ÉTRANGERS QUI ONT FAIT LA FRANCE (Dir.) (Robert Laffont, collection «Bouquins», 2013).

UNE NATION POUR MÉMOIRE. TROIS JUBILÉS RÉVOLUTIONNAIRES, 1889-1939-1989 (Presses de la FNSP, 1992).

LES COLLABORATEURS (Seuil, 1976; rééd. poche).

LA FRANCE ALLEMANDE (Gallimard, 1977; rééd. poche).

. *Engagement*

PIERRE LAROUSSE ET SON TEMPS (Dir., avec Jean-Yves Mottier) (Larousse, 1995).

LES INTELLECTUELS EN FRANCE DE L'AFFAIRE DREYFUS À NOS JOURS (avec Jean-François Sirinelli) (Armand Colin, 1986; rééd. Perrin, collection «Tempus», 2004).

. *Cité*

NOUVELLE HISTOIRE DES IDÉES POLITIQUES (Dir.) (Hachette, 1987).

DU FASCISME (Perrin, 2003; rééd. poche).

. *Lieu*

LES EXPOSITIONS UNIVERSELLES DE PARIS (Ramsay, 1982).

1889 : L'EXPO (Complexe, 1989).

LE PALAIS DE CHAILLOT (Actes Sud / Cité de l'Architecture et du Patrimoine, 2006).

. *Corps*

LE DISCOURS GASTRONOMIQUE FRANÇAIS, DES ORIGINES À NOS JOURS (Gallimard, 1999).

L'INVENTION DU BRONZAGE. ESSAI D'UNE HISTOIRE CULTURELLE (Complexe, 2008).

– *Fables*

. *Culture*

MOTS DE PASSE 1945-1985. PETIT ABÉCÉDAIRE DES GENRES DE VIE (Dir.) (Autrement, 1985).

. *Image*

DOISNEAU 40-44 (Hoëbeke, 1994).

GOSCINNY. LA LIBERTÉ D'EN RIRE (Perrin, 2007).

. *Identité*

ENTRE DEUX GUERRES (Dir., avec Olivier Barrot) (François Bourin, 1990).

LES CENT LIEUX DE MÉMOIRE DE LA BRETAGNE ET DES BRETONS (Ouest-France, 2010).

. *Engagement*

NIZAN, DESTIN D'UN RÉVOLTÉ (Ramsay, 1980; rééd. Complexe, 2005).

DERNIÈRES QUESTIONS AUX INTELLECTUELS (Dir.) (Olivier Orban, 1990).

. *Cité*

L'ANARCHISME DE DROITE (Grasset, 1985).

DE GAULLE OU L'ORDRE DU DISCOURS (Masson, 1979).

. *Lieu*

RENNES, INTELLIGENCE D'UNE VILLE (Ouest-France, 1992)

CHARTRES (Ouest-France, 1995).

. *Corps*

L'IDENTITÉ PASSE À TABLE (PUF, 2013).

– *Contes*

MÉLANCOLIES DU 29 MAI (France Culture, 1987).

GRANDE ENCYCLOPÉDIE DU PRESQUE RIEN (Éditions des Busclats, 2010).

VIE DE DAMOCLÈS, FRAGMENTS (Éditions des Busclats, 2012).

LE DÉBAT

Volumes publiés

CLAUDE ALLÈGRE: *L'âge des savoirs. Pour une renaissance de l'Université.*

GEORGES ARÈS: *La Suisse, avenir de l'Europe? Anatomie d'un anti-modèle.*

JEAN-MICHEL BELORGEY: *Le Parlement à refaire.*

AUGUSTIN BERQUE: *Être humains sur la terre. Principes d'Éthique de l'Écoumène.*

DOMINIQUE BOURG: *L'Homme-artifice. Le sens de la technique.*

LAURENT BOUVET: *Le sens du peuple. La gauche, la démocratie, le populisme.*

OLIVIER CAYLA ET YAN THOMAS: *Du Droit de ne pas naître. À propos de l'affaire Perruche.*

JEAN CLAIR: *La Responsabilité de l'artiste. Les avant-gardes entre terreur et raison.*

COLLECTIF: *Islam et politique au Proche-Orient aujourd'hui.*

COLLECTIF: *La Querelle du déterminisme. Philosophie de la science d'aujourd'hui.*

COLLECTIF: *Un nouvel horizon. Projet socialiste pour la France.*

COLLECTIF: *Apprendre à lire. La querelle des méthodes.*

COLLECTIF: *Toujours moins. Déclin du syndicalisme à la française.*

COLLECTIF: *De quoi l'avenir intellectuel sera-t-il fait? Enquêtes 1980-2010.*

COLLECTIF: *Inévitable protectionnisme.*

RÉGIS DEBRAY: *À demain de Gaulle.*

RÉGIS DEBRAY: *L'Emprise.*

VINCENT DESPORTES (GÉNÉRAL): *La dernière bataille de France.*

JEAN-MARIE DRU: *La publicité autrement.*

DANY-ROBERT DUFOUR: *Folie et démocratie. Essai sur la forme unaire.*

SÉBASTIEN DUPONT: *L'autodestruction du mouvement psychanalytique.*

ALPHONSE DUPRONT: *Puissances et latences de la religion catholique.*

ROGER ERRERA: *Et ce sera justice… Le juge dans la cité.*

ANDRÉ FERMIGIER: *La Bataille de Paris. Des Halles à la Pyramide. Chroniques d'urbanisme.*

ANTOINETTE FOUQUE: *Il y a deux sexes. Essais de féminologie.*

MARCEL GAUCHET: *La Religion dans la démocratie. Parcours de la laïcité.*

JEAN-LUC GRÉAU: *Le Capitalisme malade de sa finance. Des années d'expansion aux années de stagnation.*

JEAN-LUC GRÉAU: *L'Avenir du capitalisme.*

JEAN-LUC GRÉAU: *La trahison des économistes.*

MICHEL GUÉNAIRE : *Déclin et renaissance du pouvoir.*
NATHALIE HEINICH : *Pourquoi Bourdieu ?*
GODFREY HODGSON : *De l'inégalité en Amérique.*
PHILIPPE D'IRIBARNE : *L'islam devant la démocratie.*
JEAN-NOËL JEANNENEY : *L'Histoire va-t-elle plus vite ? Variations sur un vertige.*
LIONEL JOSPIN : *Le monde comme je le vois.*
HERVÉ JUVIN : *Produire le monde.*
HERVÉ JUVIN : *L'avènement du corps.*
HERVÉ JUVIN : *La grande séparation. Pour une écologie des civilisations.*
JEAN DE KERVASDOUÉ : *Santé : pour une révolution sans réforme.*
JÀNOS KORNAI : *Du socialisme au capitalisme.*
CONSTANTIN LANGUILLE : *La possibilité du cosmopolitisme. Burqa, droits de l'homme et vivre-ensemble.*
ANDRÉ LEBEAU : *L'enfermement planétaire.*
ANDRÉ LEBEAU : *Les horizons terrestres. Réflexions sur la survie de l'humanité.*
JEAN-FRANÇOIS LHÉRÉTÉ : *La France en recomposition.*
BERNARD LEWIS : *Europe-Islam. Actions et réactions.*
BERNARD LEWIS : *Que s'est-il passé ? L'Islam, l'Occident et la modernité.*
BERNARD LEWIS : *L'Islam en crise.*
GILLES LIPOVETSKY ET ELYETTE ROUX : *Le Luxe éternel. De l'éloge du sacré au temps des marques.*
JEAN DE MAILLARD : *L'Arnaque. La finance au-dessus des lois et des règles.*
BERNARD PIVOT : *Le Métier de lire. Réponses à Pierre Nora.*
KRZYSZTOF POMIAN : *L'Europe des nations.*
BERNARD POULET : *La fin des journaux et l'avenir de l'information.*
JEAN-MICHEL QUATREPOINT : *Le choc des empires. États-Unis, Chine, Allemagne : qui dominera l'économie-monde.*
JACQUES RIGAUD : *Libre culture.*
MARYVONNE DE SAINT PULGENT : *Le Gouvernement de la culture.*
LOUIS SCHWEITZER : *Mes années Renault. Entre Billancourt et le marché mondial.*
RAFFAELE SIMONE : *Le Monstre doux. L'occident vire-t-il à droite ?*
RAFFAELE SIMONE : *Pris dans la toile. L'esprit au temps du Web.*
GUY VALLANCIEN : *La médecine sans médecin ? Le numérique au service du malade.*
P. J. VATIKIOTIS : *L'Islam et l'État.*
PIERRE VELTZ : *Le Nouveau Monde industriel.*
PAUL YONNET : *Voyage au centre du malaise français. L'antiracisme et le roman français.*

Composition : Entrelignes (64).
Impression par CPI Firmin Didot
à Mesnil-sur-l'Estrée, en janvier 2016.
Dépôt légal : janvier 2016.
Premier dépôt légal : décembre 2015.
Numéro d'imprimeur : 133308.

ISBN 978-2-07-011433-7/Imprimé en France.

301534